搭建问题与计算的桥梁
——基于问题解决的中小学生计算思维培养的实践研究

冯 忻 主编

·上海·

图书在版编目（CIP）数据

搭建问题与计算的桥梁：基于问题解决的中小学生计算思维培养的实践研究 / 冯忻主编. --上海：同济大学出版社，2022.12
ISBN 978-7-5765-0455-2

Ⅰ.①搭… Ⅱ.①冯… Ⅲ.①计算机课—教学研究—中小学 Ⅳ.①G633.672

中国版本图书馆 CIP 数据核字（2022）第 208654 号

搭建问题与计算的桥梁
——基于问题解决的中小学生计算思维培养的实践研究

冯 忻 主编
责任编辑 丁国生　**责任校对** 徐春莲　**封面设计** 张 微

出版发行	同济大学出版社　www.tongjipress.com.cn	
	（地址：上海市四平路1239号　邮编：200092　电话：021-65985622）	
经　销	全国各地新华书店	
排　版	南京月叶图文制作有限公司	
印　刷	江苏句容排印厂	
开　本	710mm×1000mm　1/16	
印　张	11.5	
字　数	230 000	
版　次	2022 年 12 月第 1 版	
印　次	2022 年 12 月第 1 次印刷	
书　号	ISBN 978-7-5765-0455-2	
定　价	58.00 元	

本书若有印装质量问题，请向本社发行部调换　　版权所有　侵权必究

编 委 会

主编 冯 忻

编委（按姓氏笔画排序）

丁 勇　丁 燕　冯金珏

沈敏洁　陈 怡　季金杰

周智敏　蔡蓓蓓

前　言

信息技术的快速发展，重塑了人们沟通交流的时间观念和空间观念，不断改变人们的思维与交往模式。在国际数字化竞争日趋激烈的大背景下，信息技术教育能否培养出具备数字化胜任力的社会公民，不仅关系到国家的经济和产业发展能力，也关系到科技创新和多元创造的活力，更关系到信息时代的社会文明与法治的创建与成熟。

《普通高中信息技术课程标准（2017年版，2020年修订）》（本书以下简称"课程标准"）基于"人、信息技术、问题解决、社会发展"之间的关联，分析了信息社会公民所需的关键能力和必备品格，凝练了由信息意识、计算思维、数字化学习与创新、信息社会责任组成的信息技术学科核心素养。信息技术学科教师必须充分关注、理解、探究基于学科核心素养培育的教学与实践，努力把课程标准的要求真正落实到课程教学中，提升每一位学生的信息素养，使每位学生都能发展成合格的信息社会公民。

计算思维是四个核心素养之一，是人们生存于信息社会必要的思维方式。计算思维培养的目标是学习者能够像"信息技术专家"一样，掌握利用信息技术解决日常问题的一般方法。因而，利用信息技术解决问题的能力是计算思维培养的核心。计算思维也是近年来信息技术教育领域的研究热点，基于问题解决培养中小学生的计算思维是当下信息技术学科教学实践的重要研究方向，也是落实培养数字化时代的合格公民这一课程目标的重要实现途径。

上海市黄浦区计算机名师工作室的老师们在导师的带领下，确立了以学生计算思维学科核心素养的培养为研究方向，以问题解决为研究视角，覆盖小学、初中、高中三个学段，开展基于教学实践的区域探索，力图反映黄浦区信息技术教师在学生计算思维培养方面的实践经验和研究成果，为新课程改革背景下的信息技术学科教学提供实践经验和典型案例。

本书是由工作室全体教师齐心合作完成，是老师们历经三年的学习、实践和研究密切结合的成果，更是团队集体智慧的结晶。本书着重从基于问题解决的中小学信息技术单元设计、教学策略和评价实施三个维度，呈现了以中小学生计算思维培养为导向的单元设计案例、有效教学策略和评价实施范式，以及相关的设计思路和实践经验。其中很多教学案例、评价示例已被收录于上海市教委教研室的"空中课堂"、部编教材《数据与计算》的教学参考资料、上海市教研室的学科教学基本要求中。各章的执笔者如下（排名不分先后）：

第一章　季金杰

第二章　季金杰

第三章　丁勇、丁燕、沈敏洁、陈怡，丁燕统稿

第四章　周智敏、蔡蓓蓓、丁勇，周智敏统稿

第五章　季金杰、冯金珏、丁勇，季金杰统稿

第六章　冯金珏

季金杰负责全书统稿。

本书的成功编撰，源于编写团队的辛勤努力和默默付出，受益于

上海市黄浦区教育局领导的大力支持、上海市教委教研室张汶老师和黄浦区教育学院科研室陈玉华老师专业的点拨与指导、同济大学出版社丁国生主任的精心策划编辑，在此谨向他们表示衷心感谢！

信息技术的发展日新月异，更新课程理念，不断变革教与学的方法，创设计算思维教育的生态环境，信息技术学科开展思维教育所面临的挑战还刚刚开始。期待本书能抛砖引玉，激发广大教师进行更进一步的探索和研究，同时也恳请读者老师们对本书的不足与疏漏批评指正。让我们携手并进，为网络强国、数字中国、智慧社会的建设培养一批又一批的合格数字公民而努力。

2022 年 9 月

目 录

前言

第1章 绪论 ··· 001

 1.1 问题缘起 ··· 001
  1.1.1 课程标准的修订 ····························· 001
  1.1.2 新时代的人才需求 ·························· 002
 1.2 研究目标 ··· 004
 1.3 研究内容 ··· 005
  1.3.1 基于问题解决的中小学信息技术单元教学设计框架和设计指南 ················· 005
  1.3.2 基于计算思维培养的中小信息技术单元教学实施的有效策略 ················· 007
  1.3.3 基于问题解决的中小学生计算思维评价 ··· 007
 1.4 研究意义 ··· 009
 1.5 研究路线 ··· 010

第2章 文献综述 ··· 012

 2.1 问题 ·· 012
 2.2 问题解决 ··· 013
 2.3 计算思维 ··· 016

2.4 中小学生计算思维培养 ·· 020
2.4.1 基于计算思维的教学设计研究综述 ····················· 020
2.4.2 基于计算思维的教学策略研究综述 ····················· 022
2.4.3 基于计算思维的评价研究综述 ··························· 023

第3章 探索与实践：基于问题解决的中小学信息技术培养目标与单元教学设计 ··· 027

3.1 基于问题解决的中小学生计算思维培养目标 ············· 027
3.1.1 中小学信息科技学科培养学生计算思维存在的问题 ··· 029
3.1.2 基于问题解决的中小学生计算思维培养的目标 ········ 030

3.2 基于问题解决的中小学信息技术单元教学设计要素 ··· 031
3.2.1 根据课程标准和新教材的教学内容以及学科大概念，确定单元学习目标 ··· 032
3.2.2 从学情出发，以指向计算思维培养的真实情境中的实际问题为切入口 ··· 034
3.2.3 以"问题"为线索，整合单元教学内容，重组知识结构 ···036
3.2.4 以问题解决为路径，把握内在知识的联系，促成有效迁移 ···038

3.3 基于问题解决的中小学信息技术单元设计操作路径 ··· 039
3.3.1 学情分析 ·· 039
3.3.2 提出问题 ·· 039
3.3.3 引导学生拆解和定位问题 ··· 040
3.3.4 引导学生形成解决方案 ··· 040
3.3.5 帮助学生对知识进行拓展迁移 ·· 040
3.3.6 活动评价 ·· 041

3.4 基于问题解决的中小学信息技术单元课时分解方法 ··· 074

第4章 体验与凝练：基于计算思维培养的中小学信息技术教学策略 ·········· 078

4.1 课程标准中关于"计算思维"的分析 ·········· 079
4.1.1 《义务教育信息科技课程标准》中（1—5年级）关于"计算思维"的分析 ·········· 079
4.1.2 《义务教育信息科技课程标准》中（6—9年级）关于"计算思维"的分析 ·········· 081
4.1.3 《普通高中信息技术课程标准》中关于"计算思维"的分析 ·········· 082

4.2 策略一：情境创设，激发兴趣 ·········· 084
4.2.1 创设生活情境（小学）·········· 085
4.2.2 创设真实情境（初中）·········· 086
4.2.3 创设单元项目教学情境（高中）·········· 088

4.3 策略二：问题驱动，引发思考 ·········· 091
4.3.1 基于问题驱动的教学（小学）·········· 092
4.3.2 设置驱动性问题（初中）·········· 094
4.3.3 以"问题链"层层推进（高中）·········· 100

4.4 策略三：支架搭建，促进探究 ·········· 104
4.4.1 提供学案，助力学习 ·········· 105
4.4.2 通过互动性强、形式多样的素材与技术工具搭建支架引入概念（初中）·········· 107
4.4.3 自制教具与速查手册（高中）·········· 109

4.5 策略四：迁移运用，发展思维 ·········· 111
4.5.1 利用已学知识迁移（小学）·········· 111
4.5.2 通过案例引导剖析实现迁移（初中）·········· 112

4.5.3　在合作竞争中完成知识技能的迁移运用（高中）……… 116

第5章　建构与检验：基于问题解决的中小学生计算思维评价……… 119

　5.1　计算思维表现性评价的维度建构 ……………………………… 120
　　5.1.1　基于"三阶段"式的计算思维表现性评价维度 ……… 121
　　5.1.2　基于"五要素论"的计算思维表现性评价维度 ……… 127
　5.2　计算思维表现性评价的方案设计 ……………………………… 130
　　5.2.1　基于"课前—课中—课后"的小学生计算思维评价方案
　　　　　设计 ………………………………………………………… 130
　　5.2.2　基于"三阶段"式的初中生计算思维表现性评价方案
　　　　　设计 ………………………………………………………… 136
　　5.2.3　基于"五要素论"的高中生计算思维表现性评价案例
　　　　　设计 ………………………………………………………… 148
　5.3　基于"五要素论"的高中生计算思维表现性评价数字
　　　 工具开发 ……………………………………………………… 154
　5.4　计算思维表现性评价数据的教学应用 …………………… 159

第6章　总结

　6.1　研究成效 ……………………………………………………… 163
　6.2　研究创新 ……………………………………………………… 165
　6.3　不足与展望 …………………………………………………… 166

主要参考文献 ……………………………………………………… 169

第 1 章 绪　　论[①]

1.1　问题缘起

1.1.1　课程标准的修订

基于课程标准开展教学设计、实施与评价，是教师从事学科教学工作的应有之义。

2017 年年末，教育部印发《普通高中课程方案和语文等各学科课程标准（2017 年版）》。普通高中信息技术课程标准（2017 年版，以下简称"课程标准"）包含其中。

2020 年普通高中信息技术课程标准的修订，既着力解决《普通高中技术课程标准（实验）》在实施中遇到的现实问题，同时，借鉴国际信息技术教育先进经验，综合技术变革、社会需求和学生发展等因素，基于"人、信息技术、问题解决、社会发展"各概念之间的关联，分析信息社会公民所需的关键能力和必备品格，凝练了由信息意识、计算思维、数字化学习与创新、信息社会责任组成的信息技术学科核心素养。

---

① 本章由上海市格致中学季金杰执笔。

事实上，无论是《普通高中信息技术课程标准（2017年版）》还是2003年颁布实施的《普通高中技术课程标准（实验稿）》，都将"提升学生信息素养"作为信息技术课程目标，强调培养学生解决实际问题的能力。相较而言，《普通高中信息技术课程标准（2017年版）》将学科核心素养贯穿于内容标准、学业质量标准、课程教学建议之中，突出信息技术学科领域的思想方法，即通过学习信息技术，使学生在信息活动中能够采用数字化工具可处理的方式界定问题、抽象特征、建立结构模型、合理组织数据，通过判断、分析与综合各种信息资源，运用数字化工具可处理的方法设计解决问题的方案[①]。

在普通高中新课程新教材实施的背景下，信息技术学科教师应充分关注、理解、探究基于学科核心素养培育的教学与实践。在信息技术学科核心素养的四个组成要素中，计算思维是近年来信息技术教育领域的研究热点。同时，计算思维的内涵以及学生计算思维的培养方法是新课程背景下广大信息技术学科教师亟待了解的重要学习领域。因此，本书以学生计算思维学科核心素养的培养为研究方向，以问题解决为研究视角，覆盖小学、初中、高中三个学段，开展基于教学实践的区域探索，力图反映黄浦区信息技术学科教师在学生计算思维培养方面的实践经验和研究成果，为新课程改革背景下的信息技术学科教学提供实践经验和典型案例。

1.1.2 新时代的人才需求

近年来，随着移动通信、大数据、云计算、人工智能等新技术的

[①] 李锋：《新时代信息技术课程：培育"创新者"而非"消费者"》，载《中国信息技术教育》2018年第5期，第15页。

发展，信息技术与社会各领域的联系变得更为紧密。伴随新一代数字化工具成长起来的"数字土著"潜在地形成了利用网络获取信息、运用数字化工具开展学习与生活的信息化社会生存优势。信息技术工具操作方式的"傻瓜化"和应用的常态化，引发了学校信息技术课程究竟应该"学什么"的争论与困惑，甚至使人们对中学开设这门课程的必要性产生了怀疑[①]。

比较 2003 年版《普通高中技术课程标准（实验稿）》和《普通高中信息技术课程标准（2017 年版）》，信息技术课程的育人目标表述从"适应信息时代要求的具有良好信息素养的公民"转变成了"数字化时代的合格公民"。显然，培养"数字公民"成了新时代的人才需求。

与新时代的人才需求相呼应，信息技术教育的落脚点不应局限于数字工具的应用技能和学科常识，而应着力培育学生在数字化环境中特有的思维方式，能合理应用信息技术解决问题。

新时代的信息技术教育要更注重"综合应用"和"问题解决"等高层次能力的发展。强调综合能力，就是要突出信息知识、技能、情感态度的综合发展，注重学科方法的掌握。强调问题情境，就是要突出在具体情境中开展信息技术教育，发展学生利用学科方法解决问题的能力[②]。

计算思维是人们生存于信息社会必要的思维方式。计算思维培养的目标是学习者能够像"信息技术专家"一样，掌握利用信息技术解

---

① 祝智庭，李锋：《面向学科思维的信息技术课程设计：以高中信息技术课程为例》，载《电化教育研究》2015 年第 1 期，第 83-88 页。
② 任友群，李锋，王吉庆：《面向核心素养的信息技术课程设计与开发》，载《课程·教材·教法》2016 年第 7 期，56-61＋9。

决日常问题的一般方法。因而，利用信息技术解决问题的能力是计算思维培养的核心。基于计算思维培养的信息技术教育要超越过去单纯的程序设计教学，以"程序语言"为载体，发展学生利用信息技术解决问题的一般方法，让学生在体验计算机解决问题的过程中，真切认识到从"工业社会思考与解决问题方式"到"信息社会思考与解决问题方式"变革的内在原因，理解当今数字化世界的运转方式，逐步成长为合格的数字化公民[①]。

从课程标准修订和人才培养需求两个层面的论述与分析，在普通高中新课程新教材实施和义务教育阶段新课程标准颁布的背景下，基于问题解决培养中小学生的计算思维是信息技术学科教学实践的重要研究方向，也是落实培养数字化时代的合格公民这一课程目标的重要实现途径。

因此，本书着重从基于问题解决的中小学信息技术单元设计、教学策略和评价实施三个维度，研究以中小学生计算思维培养为导向的单元设计案例、有效教学策略和评价实施范式，从而形成相关的设计思路和实践经验。

1.2 研究目标

其一，力图回答在计算思维培养这一目标导向下，中小学信息技术教师如何开展基于问题解决的单元教学设计。通过对典型案例的教

---

① 李锋，柳瑞雪，任友群：《确立核心素养、培养关键能力——高中信息技术课程标准修订的再思考》，载《全球教育展望》2018年第1期，第46-55页。

学设计分析与特点归纳，形成基于问题解决的中小学信息技术单元教学设计框架和设计指南。

其二，力图回答在计算思维培养这一目标导向下，中小学信息技术教师如何有效开展基于问题解决的课堂教学实践。通过对典型课例的"实践—反思—修正—再实践"，归纳基于计算思维培养的中小学信息技术有效教学策略。

其三，力图回答在计算思维培养这一目标导向下，中小学信息技术教师如何围绕问题解决设计并实施过程性评价，如何结合评价结果指导教学实践的持续改进。通过划分评价维度，构建评价框架，结合问题解决的有关案例，编制各评价维度表现水平的具体描述，开发合适的评价工具，形成运用评价工具开展学生计算思维表现性评价的实施流程和保障机制，根据评价结果，掌握学生计算思维学科核心素养的发展情况，指导教学实践的循证优化。

1.3 研究内容

1.3.1 基于问题解决的中小学信息技术单元教学设计框架和设计指南

在普通高中新课程新教材实施以前，尽管已有不少基于问题解决的信息技术教学实践案例和相关研究，但这些实践和研究成果普遍以一节课中的一个教学活动为落脚点，通过在教学活动中解决一个小问题，促进学生对知识的理解和技能的熟练运用。

面向学科核心素养的教学是我国课程改革历程中继面向"双基""三维目标"后的又一次升级。从对知识点的理解与识记为目标转向在问题解决中应用知识与技能，重视知识之间的关联及其运用，使教师的教学设计落脚点从以课时为单位、关注知识点走向以大单元为单位、关注结构化知识和知识的迁移运用。

从国际经验来看，开展单元设计是落实素养目标的可行途径。早期的"单元"作为教学内容的单位，主要体现教什么。核心素养时代来临后，人们从课程视角、学习立场，让单元成为一个学习单位，对接素养目标，使其成为一个完整的学习故事[1]。

因此，如何在计算思维培养这一目标导向下，基于问题解决开展单元设计，构造一个完整的学习故事，是中小学信息技术教学中需要研究的一个实际问题。本书将基于问题解决的中小学信息技术单元教学设计框架和设计指南作为第一项研究内容。我们分别组织了来自小学、初中、高中三个学段教学经验丰富的信息技术学科教师，运用案例研究法，从上海使用的教材内容中，挑选一个具有代表性的教学单元，以单元设计作为剖析案例，分析单元设计的基本思路，阐述单元设计的基本结构，介绍单元设计中力求凸显的特色亮点，解析该单元设计与发展学生学科核心素养的逻辑映射关系，进而从典型课例中进行经验推广，归纳形成各学段基于问题解决的信息技术单元教学设计框架，结合研究者开展单元设计的实践经验，列举基于问题解决的信息技术单元教学设计指南。

---

[1] 崔允漷：《素养本位的单元设计，助力各国进入"素养时代"》，载《上海教育》2021年第32期，第22-25页。

1.3.2 基于计算思维培养的中小信息技术单元教学实施的有效策略

在初步明确基于问题解决的中小学信息技术单元教学设计框架和设计要点后，进一步开展中小学信息技术单元教学实践，运用行动研究法，开展教学反思，撰写教学札记，结合单元教学评价结果，及时归纳和梳理单元教学实施过程中存在的问题，明确问题发生的具体教学情境，分析问题形成的关联因素。例如，在组织学生开展基于问题解决的探究活动时，发现一半以上的学生探究进展较慢，问题解决的效率较低。此时，先要明确学生的学习困惑或问题解决的堵点具体发生在怎样的教学情境或环节，即学生的疑惑是发生在解决问题过程中的形式化、模型化、自动化阶段，还是系统化阶段？根据学生在学习过程中表现出的具体问题，教师在第一次教学实践后，需设计相应的教学调整预案，例如针对大部分学生存在学习和探究困惑的情况，可尝试设计、优化学生学习的支架，或以问题链引导学生思考过程的逐步深化。在后续的二次教学实践中，结合教学评价结果，验证教学调整预案是否有效。以此方法，遵循"设计—实施—反思—调整—验证—优化"的循证研究路径，逐步归纳基于计算思维培养的中小学信息技术单元教学的有效实施策略。

1.3.3 基于问题解决的中小学生计算思维评价

对于计算思维的评价，国际上诸多研究将 Brennan 和 Resnick 提出的计算思维三维框架作为计算思维评价的理论基础，该框架包括三个维度：计算概念、计算实践和计算观念（朱珂，2020）。分析已有的关于计算思维评价的研究成果，采用较多的评价类型是终结性评价和诊断性评价。这些评价方法普遍将计算思维作为学生掌握的知识或技能，采用类似智力测试的方法，对学生进行测评，评定学生计算思维的水平。一项针对国内外 14 种计算思维评价工具的研究中，几乎看不到适用于高中学段、以 Python 为编程语言的计算思维形成性评价工具或表现性评价工具[①]。

站在一线学科教师的立场，从发展和培养学生计算思维学科核心素养的角度出发，对学生的计算思维进行评价应当采用表现性评价作为主要的评价类型，根据计算思维学科核心素养的具体表现形式和水平划分，形成计算思维学科核心素养的评价维度和评价框架，以问题解决作为评价实施的载体，结合具体的问题情境和项目任务，从学生问题解决过程中的形式化、模型化、自动化、系统化等方面编制评价指南，评价学生在问题解决过程中各环节的表现水平，从而对学生计算思维的发展情况有一个全面而辩证的认识和评判。运用数据可视化技术能够更为直观地表达学生计算思维的发展水平。因此，我们尝试根据各学段的教学实际需要，开发或运用计算思维评价工具，更好地汇聚学生在整个课程学习周期内各单元的计算思维评价数据，呈现学生计算思维评价结果的发展变化，从而为开展基于循证的教学实施优化和学生的个性化培养提供评价依据。

---

① 惠恭健，兰小芳，钱逸舟：《计算思维该如何评？——基于国内外 14 种评价工具的比较分析》，载《远程教育杂志》2020 年第 4 期，第 84-94 页。

1.4 研究意义

人类的知识获得首先是从"问题"开始的，通过智力和体力的劳作，最终往往能够解决问题并形成"问题解决"的经验。这种关于如何解决问题的经验就是知识最基本的要素。思维是人类所具有的高级认识活动，从思维形成的普遍过程来看，总是借助于已有的知识和经验、已知的条件来推测未知的事物。因此，"问题"是人类获取知识的源头，"问题解决"的经验是思维形成的基础。本书以"问题解决"作为研究中小学生计算思维培养的切入点，体现了研究的内在逻辑性和较强的实践取向。在立足已有研究的基础上，我们着重从理论和实践两个层面凸显以下研究价值和研究意义：

其一，通过初步了解当前国内关于"计算思维"的相关文献，我们发现这些研究成果在理论层面主要关注计算思维的概念、内涵、特征，实践和应用层面更多的集中在高等教育阶段，聚焦计算思维的培养策略、教学模式和支持系统的设计与开发。本书聚焦基础教育阶段中小学生的"计算思维"培养，围绕单元设计、教学策略、计算思维评价三个方面开展实践研究，在普通高中新课程新教材实施、义务教育阶段新课程标准颁布的背景下，将进一步丰富基础教育领域学生计算思维培养的理论与实践。

其二，"计算思维"是高中信息技术学科核心素养的四要素之一。"问题解决能力"则是21世纪核心能力之一，包括PISA（Program for International Student Assessment，国际学生评估项目）在内的国际组织开发实施的大规模测试都非常重视学生问题解决的现状和培养方式。本书注重理论与实践相结合，研究对象包含小学、初中、高中三个学段 7 所学校不同认知特点与学习基础的学生，研究成果具有较好的外在效度和广泛的区域推广与应用价值。

1.5 研究路线

本书遵循理论研究在先，以理论研究成果引领教学实践的研究思路，按以下四个阶段组织开展研究。

其一，主要运用文献研究法梳理当前国内外基础教育领域学生计算思维培养的研究现况；整理适合高中、初中、小学各学段信息技术学科教学的问题解决案例。根据"课程标准"中的内容要求、学业要求和学科核心素养水平划分，结合各学段具有典型性和代表性的问题解决案例，运用案例研究法，开展基于问题解决的中小学信息技术单元教学设计，结合专家指导意见、同行研讨，归纳比较同一学段基于问题解决的单元教学设计在整体框架上的共性，反思开展单元教学设计时的注意要点。研究国内外计算思维评价体系的研究进展，了解计算思维评价维度、计算思维评价指标和评价工具的研究现况。

其二，在理论研究的基础上，在小学、初中、高中三个学段的信息技术学科教学中开展第一轮教学实践。积累基于问题解决的教学实践中存在的教学困惑、教与学方面的课堂低效行为、教学评价数据。梳理基于问题解决的单元教学实践中存在的具体问题和问题发生的具体教学情境和教学环节。运用行动研究法，通过积累教学反思、教学札记等，从教学流程、教学配套资源、教学活动设计等方面归纳总结教学实践经验，提出有待验证的改进方案，在教学实践中进行验证，进一步提炼基于问题解决的有效教学策略。

其三，基于第一轮教学实践，在小学、初中、高中三个学段的信息技术学科教学中开展第二轮教学实践。运用开发的计算思维评价框架、评价工具，以问题解决为载体，对各学生的计算思维表现水平进行评价，对评价指标进行评估，跟踪积累学生的评价数据，可视化呈现学生计算思维表现水平的发展动态，总结基于问题解决的计算思维评价实施方式，探索和积累运用可视化评价结果有针对性地提高和发展学生计算思维的教学实践案例。

其四，梳理各阶段的研究过程与研究成果，整理最终的研究成果。

第 2 章　文献综述[①]

2.1　问题

问题解决是本书的核心概念之一。要对"问题解决"进行概念界定，前提是对"问题"这一概念有较为准确的认识和定位。"问题解决"在国外文献中相应的表述是"Problem Solving"。在《牛津高阶词典》中，对于 problem 的解释有两条，大意分别是：①难处理的事情或难以了解的事物；②有待回答或有待解决的问题。

《现代汉语词典》对于"问题"的解释有四层含义，分别是：①要求回答或解释的题目；②需要研究讨论并加以解决的矛盾、疑难；③关键、重要之点；④事故或意外。

Wikipedia 将问题（problem）定义为阻碍实现特定目标、目的、意图的一种障碍。[②] 这一定义体现了对相关理论依据的高度浓缩和概括。心理学家邓克尔（Dunker）认为，当一个人有一个目标，却又不知道如何做才能实现这个目标时，他就要开始思考并设计行动方案，以到达需要实现的情境。基于此，心理学家罗伯逊（S. Lan Robertson）

---

① 本章由上海市格致中学季金杰执笔。
② Wikipedia.*Problem*.[2022-01-21].https://en.wikipedia.org/wiki/Problem_(disambiguation).

认为，问题的显著特征是存在一个想要实现却不知道如何才能实现的目标。①

综上所述，在有关"问题解决"的教育研究与实践中，所谓的"问题"应包含三个基本要素。其一，描述准确的初始情境或初始状态。其二，存在期望达到的目标状态，有时在问题解决之前，对于最终状态的描述难以界定准确。其三，从初始状态到目标状态之间的转变存在障碍，转变的过程不明确，如缺乏实现状态转变的相关知识，或没有显而易见的解决路径。第三个要素极为重要，因为诸如简单的算术运算、古诗词填空等只需凭借已有经验或知识，检索记忆就能处理和实现的状态转变并不属于问题解决的范畴。

2.2 问题解决

人们无时不刻不面临着各式各样的问题，当人们意识到问题的意义时，就会着手去解决。与感觉、知觉、记忆等不同，通常问题解决被视为一种高级的认知过程，与分析、归纳、推理、决策、创造等认知过程相联系。

20世纪五六十年代，伴随着计算机技术的发展，心理学家受到启发，将人脑的认知过程与计算机信息处理过程相类比，并开展对人的内部认知加工过程的研究。这一内容原本被行为主义视为"黑箱"，故而被排除在心理学研究领域之外。

---

① 罗伯逊(S. Lan Robertson):《问题解决心理学》,张奇等译,中国轻工业出版社2004年版,第3-4页。

纽厄尔（Newell）和西蒙（H. A. Simon）提出"问题空间"的概念，把"问题空间"分为初始状态、目标状态和达标通路。在初始状态时，只有个体的经验和问题的条件，目标状态是期待获得的结果或答案，达标通路是从初始状态到目标状态的所有经历的过程。问题解决就是通过达标通路缩小并最终消除初始状态与目标状态之间距离的过程。纽厄尔和西蒙认为，人们可利用两种基本的方法来解决问题。第一种是遵循一套清楚且固定的步骤，并且能够确保问题获得解决，这种方法称为算法式。当问题结构良好并且可采用一系列特定的操作来解决的时候，人们倾向于运用算法来一步一步地解决。数学习题中大部分都是类似的结构良好问题，用来训练学生掌握算法。第二种方法是启发式，与算法式不同，启发式的解决方法没有固定的步骤，也不能确保最终能解决问题，它带有尝试和探索的特征。在实际的问题解决中，也有不存在明显的算法的问题。这时候，人们就会倾向于选择启发式。纽厄尔和西蒙使用的问题主要是定义良好的且对专业知识要求不高的问题。例如，"汉诺塔"问题，他们的研究目的在于确定一般的问题解决策略，因此，被称为通用问题解决。他们确定了问题解决的三个步骤：第一步是对问题、已知条件和函数映射关系进行表征；第二步是确定目标和子目标，从子目标开始解决问题；第三步是根据子目标的实际解决情况，评估问题解决进度，有必要的话，重新确定目标。这种问题解决的过程是一种常见的启发式问题解决策略，通过评估当前状态和目标状态之间的差距，为减少差距而搜索合适的状态转换方法，并对解决结果进行评价。[1]

---

[1] Herbert A. Simon，Allen Newell，郑静静：《启发式解难：运筹学发展的下一个制高点》，载《经济资料译丛》2011 年第 1 期，第 38-44 页。

然而，在现实生活中，人们面临的很多问题往往没有非常清晰的界定、明确的目标和解决路径。同时，人们在解决问题时，也不会严格按照算法一步一步地进行，而是会借助已有的知识或已有的经验，寻求更简洁的方法，进而产生步骤的省略和跳跃。这些都与通用问题解决的过程不相符。

事实上，问题解决的发生情境甚为广泛，基于真实情境的问题解决往往不限制人们运用的知识与方法依据哪一门或哪几门学科。运用跨学科综合的能力解决真实、复杂的问题，是再正常不过的常理。因此，要局限在一个具体学科的教学中探究问题解决，则实际上需要在问题的选取和问题情境的创设上颇费思量。如果采用典型的算法式问题，将问题解决的过程演变为一套清楚且固定的模式，长此以往，很难发展学生的高阶思维。

一些研究对于计算思维的概念阐释，试图将人脑的工作机制类比为计算机的信息加工模式，采用计算机程序运算的方式来约束人脑的问题解决过程。反过来，计算机软件的开发也是通过对人脑问题解决过程的模拟。当前，人工智能的发展使得计算机在具有确定规则的领域（如围棋等）能够在很大程度上替代人们进行问题解决，其结果在规则明确的问题解决中具有很高的准确率和参考价值，但计算机的算法并不完全是人们面对某些问题的真正解决方式。此外，计算机虽然在处理重复性较强的工作中具有优势，但人在问题解决过程中的创造性仍是计算机难以替代的，这也是当前对于计算思维内涵的主流阐释中未涉及的。

心理学和教育学的研究者大都认同问题解决过程包括四个主要阶段。第一是对问题情境的理解和表征，这一阶段的主要任务是明确问题解决的相关和无关条件，采用适当的方式进行问题的表征。第二是设计和选择。在正确表征问题的基础上，需要寻找适当的解决方式，如果已有现成的解决方式，那么就需要做出选择，如果没有，就需要采用诸如启发式等策略寻找解决方式。第三是监控和执行。这一步主要是对已选择策略的实施，实施过程中需要不断地监控实施效果，并进行相应的调整。第四是反思和评价。对实施的结果进行评价，判断问题是否得到解决。如果问题没有解决，则需要反思并对解决方式进行修正，问题得到解决则可能停止活动或进一步反思是否有更好的方式。

2.3 计算思维

自 2006 年 3 月，卡内基·梅隆大学计算机科学系周以真（Jeannette M. Wing）在学术刊物 Communications of the ACM 上提出并界定了计算思维（Computational Thinking）这一概念后，计算思维研究引起了全球范围的广泛关注。就英汉翻译而言，Computational 实际是一个形容词，《柯林斯英汉双解大词典》对其英语注释为 Computational means using computers，即使用计算机的。尽管，在不少包含 Computational 的专业术语中，其对应的汉语近乎于名词，例如，Computational Mathematics 译为计算数学，Computational Linguistics 译为计算语言学。但就周以真对 Computational Thinking 的概念界定而言，将其直译为使用计算机的思维，似乎能更大程度地表达其内涵。

周以真认为，计算思维是运用计算机科学的基础概念进行问题求解、系统设计、人类行为理解等涵盖计算机科学之广度的一系列思维活动。更直白地说，计算思维是通过化简、嵌入、转化与仿真等方法，把看似困难的问题转化成一个众所周知如何求解的方法，是一种递归思维，一种并行处理，一种数据和代码的互动，一种采用抽象和分解来控制庞杂的任务、进行复杂系统设计的方法，一种选择合适的方式去陈述问题，或对问题建模以使其易于处理的思维方法，是按照预防、保护、冗余、容错、纠错等方式，从最坏情况中进行系统恢复的思维方法，是利用启发式推理寻求解答，即在不确定情况下进行规划、学习和调度的思维方法，是利用海量数据加快计算，在时间和空间之间、在处理能力和存储容量之间进行折衷的思维方法。① 然而，周以真也提出，人们不必太拘泥于计算思维的准确定义，而是要开展计算思维的教学实践。其给出的定义相对宽泛，缺乏具体的操作性。

国际教育技术协会（International Society for Technology in Education，ISTE）与美国计算机科学教师协会（Computer Science Teachers Association，CSTA）联合制订了关于计算思维的操作性定义：计算思维是一种解决问题的过程，学生在问题解决的过程中具备如下特征：①用某种方式来阐述和表达问题，使人们能借助计算机或其他工具来解决问题；②逻辑组织与数据分析；③通过模型、模拟等抽象的方式重现数据；④通过算法（一系列有序步骤）形成自动化解决方案；⑤识别、分析、应用各种可行的解决方法，对比要实现的目标，找到效果最好、效率最优的解决方案；⑥将问题的解决过程拓展

---

① Jeannette M. Wing. *Computational Thinking*, Communications of the ACM, 2006 (3): 33-35.

和迁移到更广泛的问题情境中。①

不同国家的学者或机构也对计算思维提出了各有千秋的界定。如英国学校计算课程工作小组（Computing At School Working Group，CAS）认为："计算思维是识别我们生活的世界计算方面的过程，也是利用工具和技术从计算到理解与归因自然和人工系统间交互的过程。计算思维包括逻辑思维能力、算法能力、递归能力和抽象能力。一个拥有良好计算思维的学生将精通各种通用技能和过程，包括：批判性思考，反思自己和他人的工作，进行有效的口头和书面交流，作为一个负责任的计算机用户，积极贡献社会。计算思维的一个关键性挑战是我们学习和建造的系统的规模和复杂性，管理这种复杂性的主要技术是抽象。抽象的过程通常包括建模、分解和概括。"②

英国南安普敦大学的塞尔比（Cynthia Selby）和伍拉德（John Woollard）在英国学校计算课程工作小组的界定基础上，将计算思维重新归纳为算法思维、分解、抽象、概括和评价五个要素。③

美国麻省理工学院（MIT）媒体实验室终身幼儿园研究小组（Lifelong Kindergarten Group）在多年研究 Scratch 在线社区、Scratch 教师工作坊以及互动媒体设计者的编程活动基础上开发了一个计算思维三维框架，包括三个维度：计算概念（Computational Concept，指设计者在编程时所使用的概念）、计算实践（Computational Practices，指设计者在编程中所发展的实践）和计算观念（Computational Perspectives，指设

---

① ISTE/CSTA. Operational definition of Computational Thinking for K-12 education，(2012-04-15)[2019-8-15].http：//www.iste.org.
② Computing at School Working Group. Computer Science: A Curriculum for School，http：//www.computingatschool.org.uk/data/uploads/Computing Curric.pdf，2012-03-01.
③ Selby, C., Woollard, J. Computational Thinking：The Developing Definition，http：//eprints.soton.ac.uk/356481，2015-06-23.

计者形成的有关他们身边世界和他们自己的观念)。①

美国学者格罗弗（Grover S）等在 K-12 教育中将"计算思维"定义为一组认知技能和解决问题的过程，包括逻辑地组织和分析数据、分解问题，程序化思维、算法思维，将问题解决过程拓展到社会领域等。②

我国对计算思维的研究目前较多地集中在对计算思维的概念、培养路径与方法上的探讨。王飞跃率先将计算思维引进至国内，他翻译了周以真的"计算思维"相关文献，撰写了《计算思维与计算文化》一文。他认为，在我国计算思维并不是一个新概念，从基础教育到高校教育，计算思维早已被朦朦胧胧地使用，只是没有像周以真那样系统地阐述和强调这一概念。③

《普通高中信息技术课程标准（2017年版，2020年修订）》从问题解决的视角，将计算思维定义为个体运用计算机科学领域的思想方法，在形成问题解决方案的过程中产生的一系列思维活动。具备计算思维的学生，在信息活动中能够采用计算机可以处理的方式界定问题、抽象特征、建立结构模型、合理组织数据；通过判断、分析与综合各种信息资源，运用合理的算法形成解决问题方案；总结利用计算机解决问题的过程与方法，并迁移到与之相关的其他问题解决之中。

本书立足《普通高中信息技术课程标准（2017年版，2020年修订）》对于计算思维的概念界定，适当汲取国内外对"计算思维"相

---

① 王旭卿：《面向三维目标的国外中小学计算思维培养与评价研究》，载《电化教育研究》2014年第7期，第48-53页。
② Grover S, Pea R. Computational Thinking in K-12: A Review of the State of the Field. Educational Researcher, 2013, 42(1): 38-43.
③ 王飞跃：《面向计算社会的计算素质培养：计算思维与计算文化》，载《工业和信息化教育》2013年第6期，第4-8页。

关界定的组织特点，根据可观察、可测量、可操作的特征来建立计算思维的评价维度。

2.4 中小学生计算思维培养

近年来，着眼于培养学生计算思维的学科教学实践成为我国中小学信息技术教学领域的关注焦点，中小学生计算思维培养的相关研究成果不断涌现。特别是《普通高中信息技术课程标准（2017年版）》颁布实施以来，有关中小学生计算思维培养的文献数量逐年提升。以下从基于中小学生计算思维培养的教学设计、教学策略和评价研究等方面，对已有研究的相关结论进行梳理。

2.4.1 基于计算思维的教学设计研究综述

当前，中小学信息技术学科中基于计算思维的教学设计研究多以一节课为载体，忽视单元设计。以"中国知网"为检索平台，以"计算思维 信息技术 教学设计"作为检索关键词，可检索到相关文献34篇，均以单节课为例，分学段阐述信息技术学科发展学生计算思维的教学设计案例和实践经验。这些研究成果提炼的主要研究结论包括：在高中信息技术教学中，采用任务驱动式教学设计有利于提升学生的计算思维能力，特别是在发展学生的合作能力和批判性思维方面成效作为明显[1]；将指向计算思维培养的高中信息技术教学设计经验概况

---

[1] 李天骄：《面向计算思维培养的高中信息技术任务驱动教学设计与实践》，东北师范大学学位论文，2021年。

为创设情境、取材生活、巧设疑问、借助工具、妙绘导图①；在初中信息技术教学中运用 5E 模式（参与、探究、解释、探究、解释）开展 RoboExp 机器人教育，能显著提升学生的计算思维水平（尤其是在创造性思维、批判性思维、算法思维和交流协作能力等方面）和运用计算思维解决实际问题的能力②；在小学信息技术教学中，采用游戏化闯关任务式教学设计对培养学生计算思维有一定成效③。以"计算思维 单元设计"作为检索关键词，检索到的文献仅有 4 篇。已有研究成果表明，基于计算思维培养的单元设计路径包括研制单元（项目）学习目标、选择与组织单元学习内容、设计学习过程、设计评价任务和课后反思等方面。④

崔允漷认为，学科核心素养是学科教育之"家"，是学生学习本学科之后逐步形成的关键能力、必备品格与价值观念。从教学目标的角度而言，新一轮课程改革背景下，对逐个知识点的"了解""识记""理解"等目标从此退出历史舞台。新的教学目标关注学生运用知识做事、持续地做事、正确地做事，强调知识点从理解到应用，重视知识点之间的联结及其运用。因此，基于学科核心素养的教学改革倒逼教学设计的变革，教学设计要从设计一个知识点或课时转变为设计一个大单元。⑤

---

① 张春，卢庆广：《指向计算思维的高中信息技术课堂教学设计》，载《中国信息技术教育》2021 年第 1 期，第 62,99 页。
② 文懿：《基于 RoboExp 的面向计算思维的初中信息技术机器人教学设计研究》，东北师范大学学位论文，2020 年。
③ 王雪：《基于计算思维的小学信息技术游戏化教学设计研究》，沈阳师范大学学位论文，2021 年。
④ 张翠红：《基于计算思维能力培养的单元教学设计》，载《江苏教育研究》2019 年第 33 期，第 66-71 页。
⑤ 崔允漷：《学科核心素养呼唤大单元教学设计》，载《上海教育科研》2019 年第 4 期，第 1 页。

在本书中，我们跳出传统意义上以一节课或一课时作为教学设计研究基本单位的窠臼，从单元教学的视角，研究中小学信息技术教学设计的结构框架、基本要素、方法路径和典型案例，以期为中小学信息技术学科教师开展基于计算思维的单元教学设计提供方法指引和操作指南。

2.4.2 基于计算思维的教学策略研究综述

以"中国知网"为检索平台，以"计算思维 教学策略"作为检索关键词，检索到相关文献54篇。对于这些研究成果，研究人员对"教学策略"内涵的认知与界定不尽相同，使得部分研究成果对教学策略的表述近似于教学方法或教学过程，而非在具体教学情境中指向解决实际教学问题的策略。例如，有研究认为，中小学计算思维培养的七大教学策略包括游戏化教学、小组学习、翻转教学、基于任务的教学、隐喻教学、支架式教学、社会文化教学。[1] 还有研究认为，在高中Python教学中培养学生计算思维的教学策略是增加趣味、联系生活、激发思考、经历问题解决过程。[2] 对于初中Python教学中培养学生计算思维的教学策略，有的研究指出可采用建构真实情境，激发学习兴趣；以任务驱动为抓手，分化知识难点；构建"主题网站"，开展互动学习的策略。[3] 也有研究认为，可采用先学后教策略、创设

---

[1] 尹以晴,李宁宇,柳晨晨,王佑镁:《人工智能时代计算思维培养的七种教学策略》,载《中小学数字化教学》2021年第4期,第23—27页。

[2] 王园一:《例谈指向计算思维培养的高中Python语言教学策略》,载《中国信息技术教育》2021年第12期,第53—54页。

[3] 朱伏波,华永兰:《面向计算思维培养的初中Python程序设计教学策略》,载《中国信息技术教育》2021年第13期,第42—44页。

情境的策略、整体设计教学内容和学习过程等策略。[①] 指向计算思维的小学信息科技课教学策略有以项目化的形式重构课程内容,以线上线下互融(OMO)的方式渗透计算思维。[②] 有研究将指向计算思维培养的编程教学策略概括为创设问题情境,导学质疑;引导自主学习,解决疑问;发挥支架作用,及时反馈;注重拓展应用,提升评价。[③]

上述文献的研究结论或研究观点能够在很大程度上反映出现有的基于计算思维的教学策略研究的总体面貌。这些研究所提出的教学策略或过于空泛,或高度雷同,且最大的弊端在于未结合教学实践中的具体情境,未陈述教师遇到的教学问题或教学困惑,未针对具体的教学问题阐述教学策略,这样的策略很难让教师迁移运用到具体的教学实践中去解决具体的教学问题。

因此,本书基于计算思维的中小学信息技术教学策略研究中,聚焦在具体教学情境中发生的教学问题,针对具体的教学问题阐述相应的解决策略。

2.4.3　基于计算思维的评价研究综述

以"中国知网"为检索平台,以"计算思维 评价"作为检索关键词,检索到相关文献24篇。相较于基于计算思维的教学设计以及基于计算思维的教学策略的相关研究文献,对计算思维评价问题的已有文献数量虽然相对较少,但其中有9篇文献发表在CSSCI来源刊物,

---

① 陈澜:《计算思维视域下初中Python程序设计教学策略》,载《中国信息技术教育》2021年第2期,第56-58页。
② 奚铉宙:《指向计算思维的小学信息科技课教学策略初探》,载《教育传播与技术》2021年第4期,第45-48页。
③ 徐吉:《指向计算思维培养的编程教学策略建构与实践——以初中编程教学为例》,载《中小学信息技术教育》2020年第11期,第59-61页。

这表明关于计算思维的评价，已形成了一些较高质量的研究成果，以下重点对这些文献作分析和综述。

陈兴冶运用文献分析和专家咨询等方法，构建了一个本土化的计算思维评价指标体系，该评价体系分为计算思维技能和计算思维态度两个维度，由7个因子及23个关键指标组成。7个因子包括计算思维态度维度的情感态度、合作学习，计算思维技能维度的分解、抽象、概括、算法、评估。对于评价关键指标的描述，以"分解"层面为例，采用的表述是"能将问题或任务分解成不同的组成部分，使它们更容易处理"。[①] 限于篇幅，23个关键指标此处不一一列举。该研究成果在构建本土化的计算思维评价指标体系时，尽管对指标体系的科学性进行了评估和验证，但未在成果中介绍该评价体系具体的评价应用实例，即未呈现开展评价时，具体提供给学生的评价案例和相关的评价内容。这使得读者难以将该评价体系中的评价指标与具体的评价任务相联系。

朱珂等介绍了国际视域下计算思维评价研究的基本情况，国际上诸多研究将 Brennan 和 Resnick 提出的计算思维三维框架作为计算思维评价的理论基础，该框架包括三个维度：计算概念、计算实践和计算观念。计算思维评价工具大致可分为诊断工具、总结性工具、形成性迭代工具、数据挖掘工具、技能转移工具、感知态度量表与词汇评价七大类。分别介绍了每一类中较具代表性的评价工具。[②]

郁晓华等认为，微认证是以能力为导向的新型评价载体，他们将

---

① 陈兴冶，马颖莹：《本土化计算思维评价指标体系的构建与探索——基于1410名高中生的样本分析与验证》，载《远程教育杂志》2020年第5期，第70-80页。
② 朱珂，徐紫娟，陈婉旖：《国际视阈下计算思维评价研究的理论和实践》，载《电化教育研究》2020年第12期，第20-27页。

计算思维从认知和操作层面以及非认知层面分解为问题识别与分解、抽象建模、算法设计、自动化、问题迁移能力以及计算观念六个子能力，设计了微认证的实施过程、任务指南和评价标准，分别在课堂教学情境和非正式学习情境下对 41 名 6～8 年级学生展开微认证实践，访谈了参与微认证的教师和学生对这一评价方式的看法。[1]

惠恭健等对国内外 14 种计算思维评价工具进行比较分析。CTt，Bebras Tasks，VBCCT，Robotics Program tool，CTSES，PECT，The Fairy Assessment 等工具或基于试题进行评价，或基于量表进行评价，或基于编程任务进行评价，均用于总结性评价或诊断性评价。REACT，NCV，Dr. Scratch 等基于系统环境的评价工具虽可用于形成性评价，但评价内容均基于 Scratch，不适用于当前高中信息技术课程的学习内容。因此，这 14 种计算思维评价工具暂无法直接用于高中开展学生计算思维的表现性评价和形成性评价。[2]

此外，有研究尝试使用动态图表评估数据分析工具，以评价学生的计算思维水平；使用气候变化模型评估建模和模拟系统，来评估学生的系统思维、建模与模拟技能，通过这两种可视化的计算工具，使学生动态分析数据，并用计算模型探索相关的计算概念。[3] 还有研究使用课堂作业与终期项目相结合的评价方法，来揭示不插电编程活动促进计算思维的程度，发现存在的问题与需要改进的地方，从而制定有效的措施，使学生能够有效发展并熟练运用计算

---

[1] 郁晓华,王美玲,程佳敏,邱振华:《计算思维评价的新途径：微认证》,载《开放教育研究》2022 年第 1 期,第 107-120 页。
[2] 惠恭健,兰小芳,钱逸舟:《计算思维该如何评？——基于国内外 14 种评价工具的比较分析》,载《远程教育杂志》2020 年第 4 期,第 84-94 页。
[3] Weintrop D, Beheshti E, Horn M S et al. *Interactive Assessment Tools for Computational Thinking in High School STEM Classrooms*. New York：Springer,2014：22-25.

思维。①

　　综上所述，当前基于计算思维的评价研究可分为两大类，一类主要分析和比较国内外使用较广泛的中小学生计算思维评价工具，另一类则开拓性地研究本土化的计算思维评价体系或创新评价方式。在本书中，重点突出指向学生计算思维发展的评价研究，运用数据可视化技术，以表现性评价的方式，呈现和评价学生在信息技术课程学习过程中计算思维的发展情况和趋势，通过学习分析，研究中小学生计算思维培养的个性化发展策略。

---

① Brandon R Rodriguez. *Assessing Computational Thinking in Computer Science Unplugged Activities*，[2018-01-21]. https://dspace.library.colostate.edu/bitstream/handle/11124/169998/Ro-driguez_mines_0052N_10899.pdf?sequence=1.

第 3 章 探索与实践：基于问题解决的中小学信息技术培养目标与单元教学设计[①]

3.1 基于问题解决的中小学生计算思维培养目标

《普通高中信息技术课程标准（2017 年版，2020 年修订）》对于计算思维的定义是："计算思维是指个体运用计算机科学领域的思想方法，在形成问题解决方案的过程中产生的一系列思维活动。具备计算思维的学生，在信息活动中能够采用计算机可以处理的方式界定问题、抽象特征、建立结构模型、合理组织数据；通过判断、分析与综合各种信息资源，运用合理的算法形成解决问题的方案；总结利用计算机解决问题的过程与方法，并迁移到与之相关的其他问题解决中。"将计算思维的具体表现归纳为"解决问题过程中的形式化、模型化、自动化、系统化"。

---

① 3.1 节由上海市实验小学丁勇执笔。3.2，3.3，3.4 三节由上海市格致中学丁燕、上海市光明中学沈敏洁、上海市黄浦区蓬莱路第二小学陈怡合作编写，丁燕统稿，高中学段相关内容及案例由沈敏洁撰写，初中学段相关内容及案例由丁燕撰写，小学学段相关内容及案例由陈怡撰写。

《义务教育信息科技课程标准（2022年版）》已正式颁布。由此，从小学到高中三个学段关于计算思维核心素养培养的分学段目标就清晰地呈现在我们面前（表3-1）。

表3-1 计算思维分学段目标

学段	目标
第一学段 1～2年级	1. 在教师指导下，体验使用数字设备解决问题的过程，知道信息的多种表示方式。 2. 对于给定的简单任务，能识别任务实施的主要步骤，用图符的方式进行表达。 3. 在实际应用中，能按照操作流程使用数字设备，并能说出操作步骤。
第二学段 3～4年级	1. 能根据需要选用合适的数字设备解决问题，并简单地说明理由。能基于对事物的理解，按照一定的规则表达与交流信息。体验信息存储和传输过程中所必需的编码及解码步骤。 2. 在简单问题的解决过程中，有意识地把问题划分为多个可解决的小问题，通过解决各个小问题，实现整体问题解决。 3. 依据问题解决的需要，组织与分析数据，用可视化方式呈现数据之间的关系，支撑形成的观点。
第三学段 5～6年级	1. 通过生活中的实例，了解算法的特征和效率。能用自然语言、流程图等方式描述算法。知道解决同一问题可能会有多种方法，认识到采用不同方法解决同一问题时可能存在时间效率上的差别。 2. 对于给定的任务，能将其分解为一系列的实施步骤，使用顺序、分支、循环三种基本控制结构简单描述实施过程，通过编程验证该过程。 3. 在问题解决过程中，能将问题分解为可处理的子问题，了解反馈对系统优化的作用。
第四学段 7～9年级	1. 在实践应用中，熟悉网络平台中的技术工具、软件系统的功能与应用。 2. 能根据需求，设计和搭建简单的物联系统原型，体验其中数据处理和应用的方法与过程。 3. 知道网络中信息编码、传输和呈现的原理。能通过软件与硬件相结合的项目活动采集、分析和呈现数据。 4. 通过案例分析，理解人工智能。根据学习与生活需要，合理选用人工智能，比较使用人功能智能和不使用人工智能处理同类问题效果的异同。

(续表)

学段	目标
第五学段 10~12 年级	1. 能够采用计算机可以处理的方式界定问题、抽象特征、建立结构模型、合理组织数据。 2. 通过判断、分析与综合各种信息资源，运用合理的算法形成解决问题的方案。 3. 总结利用计算机解决问题的过程与方法，并迁移到与之相关的其他问题解决中

从表 3-1 中可以看出，计算思维学段目标符合皮亚杰的认知发展阶段论，包含三个层面。第一，能够自觉地利用计算机科学技术的思想和方法去分析问题。第二，能够利用对问题的抽象建模，用合理的算法去解决问题。第三，能够通过知识迁移解决同类的问题。由此可见，计算思维是一种思维方式，思维习惯是思维方式的一种表现方式。从表 3-1 中可以发现，计算思维的培养目标是螺旋式上升的，整个计算思维培养的核心就是基于问题解决。

本章结合中小学课堂教学现状，对照计算思维学段目标，罗列了目前基于问题解决的计算思维培养的主要问题。在此基础上得出基于问题解决的中小学生计算思维培养目标。

3.1.1 中小学信息科技学科培养学生计算思维存在的问题

（1）无意识的计算思维教学。虽然计算思维受重视的时间不长，但是因为一方面计算机应用的本质是问题求解，与周以真教授的阐述相一致，另一方面计算机问题求解的方法就是计算思维的方法，因而广大计算机教育者都在无意识、潜移默化地实施计算思维教学。未来需要有意识地、系统性地开展计算思维教学。

（2）没有从战略高度认识到计算思维对人才培养的重要性。由于早前对计算思维重要性认识不足，人们普遍认为计算思维是计算机应用能力之一，没有意识到这是与理论思维、实验思维一起构成了人类的三大思维，是 21 世纪人才应具备的基本技能；没有认识这关系计算机科学的发展和转型，会影响其他学科的发展。所以，应从战略高度将计算思维从计算机应用能力上提升出来，作为素养导向来实施教学。

（3）注重技术与应用的教学，忽视了"思想的教学"。这也是学生经过课程学习后提出的意见。由于计算机应用的最终成果是一个软件或系统，因而人们重视技术和应用的教学，注重软件和系统开发的过程和细节，忽视了引领计算机应用的思维。因此，计算机基础教学需要将课程提升到思想教学的高度。

3.1.2 基于问题解决的中小学生计算思维培养的目标

土耳其巴斯肯特大学计算机教育和教育技术系的 Kalelioglu、安卡拉大学信息学部的 Gülbahar、加齐大学远程教育研究与应用中心的 Kukul，通过对 125 篇计算思维的研究文献进行内容分析，确定计算思维的定义和常用词汇，根据计算思维操作性定义和已有文献对计算思维的研究，提出"面向问题解决过程的计算思维框架（IGGIA）"，该框架将学习活动分为五个环节：确定问题（I）；收集、表示和分析数据（G）；生成、选择和规划解决方案（G）；实施解决方案（I）；评估解决方案并继续改进（A），以下简称 IGGIA 框架。[1] 可将计算思维描述为问题解决的过程，通过解决问题的过程培养学生的计算思维（表 3-2）。

---

[1] 万欣琦：《"面向问题解决过程的计算思维框架"在小学 Scratch 编程课中的应用研究》，陕西师范大学学位论文，2019 年。

表 3-2　面向问题解决过程的计算思维框架

问题解决过程	计算思维概念与能力
确定问题（I）	抽象、分解
收集、表示和分析数据（G）	数据收集、数据分析、模式识别、概念化、数据表示
生成、选择和规划解决方案（G）	数学推理、设计算法和程序、并行
实施解决方案（I）	自动化、建模和仿真
仿真评估解决方案并继续改进（A）	测试、调试、概括

结合这个框架和课程标准对于计算思维的学段目标，我们得出基于问题解决的中小学生计算思维培养目标：

（1）将复杂的问题分解成一系列小而易于管理的问题。

（2）迁移运用已有生活经验或者已有知识寻找问题解决方法。

（3）接下来可以设计用于解决每个较小问题的简单步骤或规则。寻找得出问题解决背后的一般规律和原理。

（4）对设计的解决方案进行评估。

3.2　基于问题解决的中小学信息技术单元教学设计要素

单元教学设计就是从一个单元整体的角度出发，按照知识内在的逻辑结构及其相互关系，整体设计和安排一个单元的教学过程。"单元教学"最早出现于 19 世纪末的欧洲，是由德克乐利提出的，他认为教学应该坚持整体化和兴趣中心的原则，这是单元教学最早的萌芽，此后，单元教学又产生了一系列的发展。单元教学设计打破了课时主义的碎片化形式，从章节或者单元的角度出发，以一个单元作为整合的单位，根据章节或者单元中知识点的内在联系和需要，重新整合知识结构，利用各种教学策略和教学方式，使学习者通过该章节或者单元的学习能够循序渐进地获得本章节或者单元的知识结构，帮助学生巩固和复习知识，更好地掌握知识的同时能够提高学习的效率。

崔允漷认为，从国际经验来看，开展单元设计是落实素养目标的可行途径。如何在计算思维培养的目标导向下，基于问题解决开展单元设计，是中小学信息技术教学中需要研究的一个实际问题。本章结合小学、初中、高中三个学段的信息技术教材，以部分单元的教学设计为研究案例，分析单元设计的基本思路，阐述单元设计的基本原则，解析单元设计的基本环节，列举基于问题解决的信息技术单元教学设计指南。

3.2.1 根据课程标准和新教材的教学内容以及学科大概念，确定单元学习目标

单元设计是指向核心素养的，学科核心素养是核心素养在学科层面的体现，而学科大概念的理解和应用是学科素养的表达，代表的是学科本质。在单元教学设计时，应根据《普通高中信息技术课程标准（2017年版，2020年修订）》和《义务教育信息科技课程标准（2022年版）》以及新教材关于"计算思维"学科核心素养、课程内容要求、学业要求，以及代表学科知识结构及逻辑关系的学科大概念，确定相

应的单元学习目标。

（1）以小学阶段为例，最新的《义务教育阶段信息科技课程标准（2022年版）》中指出，信息科技课程目标围绕的核心素养包括信息意识、计算思维、数字化学习与创新、信息社会责任四个方面。

其中对于小学学段的计算思维目标分为三个学段。第一学段，也就是1～2年级，侧重于老师引导学生体验过程，识别任务实施得分主要步骤，在实际的应用中能够按照操作流程使用数字设备，并说出操作步骤。3～4年级能按需选用合适的数字设备解决问题。在简单问题的解决过程中，有意识地把问题划分为多个可解决的小问题，实现整体问题解决。依据问题解决的需要，组织与分析数据，用可视化方式呈现数据之间的关系，支撑所形成的观点。而到了第三阶段，即5～6年级则侧重于通过生活实例，了解算法的特征和效率。能用自然语言、流程图等方式描述算法。并且知道解决同一问题可能会有多种方法，认识到采用不同方法解决同一问题可能存在时间效率上的差别。对于给定的任务，能够分解为一系列实施步骤，使用顺序、分支、循环三种基本机构简单描述实施过程，通过编程验证，在分解问题的过程中，了解反馈验证对系统优化的作用。

由此可以看出，对于整个小学阶段来说，它的阶段目标尊重学生的年龄特点，循序渐进，从体验使用数字设备渐渐进入用算法解决问题。

单元项目活动能够促使学生完整地经历解决问题的整个过程。基于问题解决的小学单元教学设计同样可以遵循"学情分析—提出问题—引导学生拆解和定位问题—引导学生形成解决方案—帮助学生对知识进行拓展迁移—活动评价问题解决"的六个步骤，进行实施。

（2）以初中阶段为例，《义务教育阶段信息科技课程标准（2022年版）》指出，信息科技课程要围绕的核心素养包括信息意识、计算思维、数字化学习与创新、信息社会责任这四个方面。其中计算思维是指个体运用计算机科学领域的思想方法，在问题解决过程中涉及的抽象、分解、建模、算法设计等思维活动。

课程标准指出，在第三学段（5~6年级）的计算思维目标为通过生活中的实例，了解算法的特征和效率。能用自然语言、流程图等方式描述算法。对于给定的任务，能将其分解为一系列的实施步骤，使用顺序、分支、循环三种基本控制结构简单描述实施过程，通过编程验证该过程。在问题解决过程中，能将问题分解为可处理的子问题。

（3）以高中阶段为例，在《普通高中信息技术课程标准（2017年版，2020年修订）》中不仅明确了四大核心素养的内涵与具体形式，还提出了四个学科大概念（数据、算法、信息系统与信息社会）。教学中通过不同的单元教学内容构建起完整的学科大概念体系，并依据学科核心素养将学科大概念渗透到课堂内容之中。而不同的单元教学内容体现的学科大概念则略有侧重。再结合课程标准的内容要求、学业要求、学业质量水平2级的描述，以及教材章节的学习目标，从所知、所能、所成三方面确定单元教学目标。

3.2.2　从学情出发，以指向计算思维培养的真实情境中的实际问题为切入口

按照凯勒的ARCS学习动机理论，学生学习动机激发很重要的一个影响因素就是相关性，即是否与学生自身相关。对于与自身相关的

内容，学生的学习动机就更容易被激发。因此，在教师的单元教学设计中，要努力寻找真实情境中的实际问题或创设一些与学生自身密切相关的问题让学生解决。

（1）以小学阶段为例，目前上海市小学信息课程只在小学三年级开设，学生已经具备的解决简单问题的能力，在老师的引导下，能够根据任务目标，通过学习、讨论等方式明确问题的主旨，规划完成问题的过程并选择合适的软件工具完成任务，解决问题。具体来说，在三年级之前，小学生已开始接触电脑，网络学习、智能家电等都是在生活中日常使用的。学生无意识地已经根据这些工具的指引或是说明书，体验过解决问题的过程。而通过小学一年的信息科技学习，他们还认识了一系列计算机硬件设备，体验了用数码相机采集图片信息、通过麦克风录音、摄像头拍摄视频、收发邮件、使用杀毒软件等工具设备，在此基础上，他们不仅要学会使用画图软件进行绘画和简单处理图片；使用文字处理软件制作电子小报和表格；通过演示文稿制作软件制作多媒体数字作品，更要从中摸索出解决问题的步骤和方法。在完成单元项目活动的同时，培养他们的计算思维，提高他们解决问题的能力。

（2）以初中阶段为例，在教师的单元教学设计中，要努力寻找与学生自身密切相关的问题，引导学生去分析问题、拆解问题、解决问题，发展学生的计算思维。

例如，编写游戏程序深受初中生的喜爱，很多初中生喜欢玩游戏，但又迫于学业的压力没有太多的时间可以玩游戏，教师可以将游戏的程序编写引入课堂，引发学生对程序编写的兴趣。

（3）以高中阶段为例，高中生的生活空间进一步扩大，实践活动也更丰富，他们对于生活学习中出现的新奇事物表现出了较强的好奇心。他们的逻辑思维品质也在显著提升，能较好地抓住事物的本质和事物间的内在联系。他们的思维独立性强、有更高水平的学习自觉性，能更主动地为实现目标而进行学习活动。特别对自己感兴趣的事物能保持比较久的关注。

"建构主义"强调学习者的主动性，认为学习是学习者基于原有的知识经验生成意义、建构理解的过程，而这一过程常常是在社会文化互动中完成的。维果斯基提出的"最近发展区理论"也说明了教学应着眼于学生的最近发展区，为学生提供带有难度的内容，调动学生的积极性，发挥其潜能，超越其最近发展区而达到下一发展阶段的水平，然后在此基础上进行下一个发展区的发展。

基于以上两点，在单元教学设计时，考虑从学情出发，融入学生学习生活中的真实情境，产生需要运用计算机学科领域思想方法解决的真实问题，从而提升学生的学习热情与参与度，继而发展学生的计算思维。

3.2.3 以"问题"为线索，整合单元教学内容，重组知识结构

围绕课程标准及教材进行资源的有效开发和重组，以整体、综合的思维方式组织单元教学内容，重视知识体系的内在联系和多重关系，以优化学生认知结构，获得知识和能力的整合效应；充分考虑单元教学内容的层次性和结构化，促进学生学习活动各方面的内在联系，相互协调和整体发展。

以"问题"为起点，以寻找"解决问题"的方案为目标，追求学

习的有效性。在教学过程中，教师要创造一种合作讨论的环境，让学生通过探索找出问题解决的方案，同时掌握所需的有关概念和技能。目标解决能够激发学生的内在学习动机，培养其独立自主意识和创新精神。

（1）以小学阶段为例，在电子小报制作单元项目活动中，为了让学生更好地了解人工智能对社会发展的作用，教师可以向学生提问："什么是'人工智能'？""怎么样让更多的同学了解人工智能？"以此为起点，让学生通过观看视频、浏览网页、阅读文献、探究讨论等方式来了解"人工智能"。引导学生通过对问题的分析探究、学会分解问题，并在解决问题的过程中形成解决问题的方案。在完成数字作品的过程中，可以使小学阶段的学生更深入认识人工智能技术的发展与应用，理解其对社会发展的重要作用，激发他们探索人工智能的兴趣。

（2）以初中阶段为例，图形化编程把枯燥乏味的数字代码变成"积木"状的模块，让初中生在搭建积木的过程中学习编程。教师可以以"问题"为线索，通过使用图形化编程工具引导初中生在游戏设计的过程中逐渐形成逻辑分析、独立思考以及创新的思维方式，学会提出问题、分解问题、解决问题。

（3）以高中阶段为例，在明确了单元目标与单元问题的基础上，需要梳理教材中内容（概念、知识点及示例）和呈现方式（组织结构）等，以基于问题解决培养学生计算思维的视角，整合与重构内容。通过将单元问题进一步细化为具有一定难度阶梯的"模块"和"问题链"，再由它们引入知识，使学生建立的知识结构更具逻辑性和层次性，从而达到教学目的。

3.2.4 以问题解决为路径，把握内在知识的联系，促成有效迁移

迁移能力是一种优秀的学习品质，指的是将所学知识进行有效拓展，转化为具体的实践技能并合理地应用到实际问题的探索中。因此，教师要将单元内容进行有效整合，以构建更完整的知识体系，让学生在深度探究与有效归纳中形成良好的迁移能力，并在迁移与实践过程中全面提升信息素养。

（1）以小学阶段为例，教师可以将了解某一主题作为切入点，使学生在收集、整理相关信息的过程中，习得更多的知识，在制作成电子小报的过程中，学会基本的视窗界面软件的使用方法和规律，将其迁移到其他同类软件的使用过程中，使学生的数字作品类型更丰富、多样，使得学生更有兴趣进行创作、分享。

（2）以初中阶段为例，例如教师可以以初中生比较熟悉和喜欢的赛车游戏作为切入点，以"如何设计赛车游戏"为线索，整合图形化编程的单元教学内容和主要知识点，激发学生的学习动机，使学生更好地理解程序设计的一般过程，从而学会程序设计的基本方法，以解决更多的问题。

（3）以高中阶段为例，单元设计中通过关注课堂上子问题涉及的知识结构间的层次性来编排子问题的先后顺序，让学生在解决后续问题时，能迁移运用已有的知识。课堂外，通常是以作业的形式来促成迁移应用。作业亦分短作业与长作业。短作业可视为解决课堂某一个子问题之后的作业，通常需要学生运用课堂所学知识解决一个类似的或具有一定延伸性的问题，取材来自课堂教学情境的拓展；长作业通

常是跨度时间比较长的作业,可以让学生寻找一个自己感兴趣的领域结合课堂的所学进行阶段性的研究。

3.3 基于问题解决的中小学信息技术单元设计操作路径

教师可以基于"学情分析—提出问题—引导学生拆解和定位问题—引导学生形成解决方案—帮助学生对知识进行拓展迁移—活动评价"的设计操作路径进行教学单元设计,这也符合课程标准中提出的全面提升学生信息素养,发展计算思维,提升其问题解决的能力。

3.3.1 学情分析

教师应根据各学段不同的课程标准及教材制定不同的教学目标,结合学生的实际情况,设计出不同的单元教学内容。

3.3.2 提出问题

教师为学生创设真实的问题情境,情境学习理论认为知识的学习要在情境中进行,这样才能真正地理解知识。教师为学生提出的问题情境要与现实生活紧密联系,以解决学生在生活中遇到的实际问题为目标。学生进入真实的情境中探究问题,通过自己收集资料、动手操作、实地调查等活动,可以加强学生对知识的理解、引发学生积极思考,提升学生实践探究能力。

3.3.3 引导学生拆解和定位问题

很多问题之所以让人感觉难以解决就是因为它特别宏大而且复杂，所以有了问题情境，接下来教师就要引导学生对问题进行拆解和定位，将一个复杂的大问题拆解成一个个可以解决的小问题。

可以引导学生使用思维导图或表格对问题进行拆解，思维导图运用图文并重的方式，把各级主题的关系用相互隶属与相关的层级图表现出来，每一个关节点代表与中心主题的一个连接，而每一个连接又可以称为另一个中心主题，再向外发散出更多的关节点。画出思维导图的基本步骤可由以下几步构成：

（1）找出核心问题和起始问题；

（2）确定核心问题和起始问题导致的主要后果；

（3）根据以上因果关系画出思维导图；

（4）反复审查，进行补充和修改。

3.3.4 引导学生形成解决方案

针对上一步拆解和定位出的小问题提出针对性的解决方案，在这个过程中教师要引导学生综合运用各种知识，进行策略、方法的选择和取舍，激发学生的好奇心、求知欲，为学生创造广阔的思维空间，不断强化学生的主体意识和创新意识。要让学生承担起学习的主要责任，引导学生围绕问题开展探究学习活动，利用学生的小组活动、合作交流促进学习活动的深入开展，最终找出解决问题的方案。

3.3.5 帮助学生对知识进行拓展迁移

迁移能力是一种优秀的学习品质，指将所学知识进行有效拓展，转化为具体的实践技能并合理地应用到实际问题的解决中。在中小学信息技术课程的学习中，迁移能力的作用尤为重要，能够让学生在学习的过程中学会运用信息技术的知识去解决各种情境下的复杂问题，真正培养学生的计算思维。

一个完整的单元中所包含的知识十分丰富且具有一定衔接性，教师要以迁移能力养成为目标对单元内的知识要素加以整理，让学生能够在参与探索问题解决的过程中获得丰富的知识储备，从而让其在丰富的知识储备支撑下有效地迁移和拓展。同时，迁移能力对学生的逻辑思维也具有较高的要求。在单元教学设计过程中，教师要通过对教材内容深度剖析，进一步明确知识点之间的衔接关系，让学生在教师所搭建的知识桥梁上展开深入探究。

3.3.6 活动评价

如何证明学生是否解决了问题，完成了学习目标，这是在教学实施前必须明确的问题。教师（设计者）应根据已确定的学习目标、学习的不同内容和不同阶段、学生的理解能力和接受水平，确定相应的评价标准和方式。评价标准要能反映出问题解决过程中的学生表现及最终问题是否得到了有效解决。评价的方式有口头提问、观察、日常性的考试和考查、开放性的提问以及学生的自我评价等。

评价包括形成性评价和总结性评价，评价应贯穿于整个单元教学设计的始终。通过形成性评价及时发现问题并提供矫正处方，以达到调节和完善教学活动的目的。通过总结性评价评定学生对预期学习目标的达成情况，总结存在的问题，吸取经验和教训。评价随时可以进行，但在单元教学中，设立几个重要的反思点是必不可少的，可以使学生和教师对自己的行为、学与教的效果有着清醒的认识。这几个重要反思点一般设在单元学习的开始、途中（单元中核心内容学习完毕）、结束之时。通过师生在这些反思点上的自我评价，及时调整、修正设计方案中不合理之处，矫正师生的行为，使教学活动朝着正确的方向前进。

以小学阶段的制作小报单元为例，教学设计的操作路径设计过程如下。

【制作小报单元设计的操作路径】

（1）学情分析

本单元学习之前，学生已经具有的知识技能包括：鼠标的操作、简单的键盘输入、能够正常启动程序，对图形化界面具有一定的了解，能够新建、打开和保存文件。

基于《义务教育信息科技课程标准》培养的四个核心素养目标，该年龄段学生呈现的特征有以下几个特点：

① 信息意识：具有通过网络能获取信息的意识，但尚未学习网络搜索等相关的知识和技能。

② 计算思维：通过项目化学习活动提高自己的信息技术水平经验较少。有条理有步骤地解决问题的能力和习惯尚处于空白阶段。

③ 数字化学习和创新：有使用网络平台进行学习互动的经验，但创新意识较为薄弱。

④ 信息社会责任：不知道分享他人数字作品需要标注来源，尊重数字作品所有者的权益。网络交流规范不明确。

（2）提出问题

教师可以先播放一段关于"人工智能"的视频，激发学生的探究兴趣，组织学生交流分享对人工智能的认识、举例说说生活中的人工智能应用。

为了让学生更好地了解人工智能对社会发展的作用,教师可以向学生提问:"什么是'人工智能'?""怎么样让更多的同学了解人工智能?"

(3) 引导学生拆解和定位问题

以"走近人工智能电子小报制作"单元为例,在引导学生拆解和定位问题阶段,教师可以引导学生利用思维导图对问题进行分析和梳理。

通过交流分享,学生介绍接触过的人工智能产品,分析总结它们的共同点,用自己的话来说说什么是"人工智能"。

引导学生上网搜索关于"人工智能"的信息,并进行收集整理,利用思维导图拆解问题,如图3-1所示。

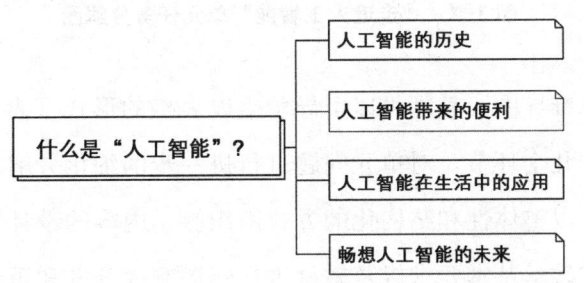

图3-1　什么是"人工智能"思维导图

对于"如何让更多的同学了解'人工智能'"的问题,学生可以在老师简单的引导下得出"制作电子小报进行宣传介绍"的方案,进一步定位至如何制作一份主题为"走近人工智能"的电子小报的问题。

(4) 引导学生形成解决方案

以"问题"为起点,以寻找"解决问题"的方案为目标,梳理出问题链。借助思维导图,让学生通过探索找出问题解决的方案,同时掌握所需的有关概念和技能。从活动主题出发,罗列在活动过程中会遇到的问题和步骤（图3-2），帮助他们更好地思考制作一份电子小报需要涉及的各个方面。我们再次以图梳理问题解决的整个方案。

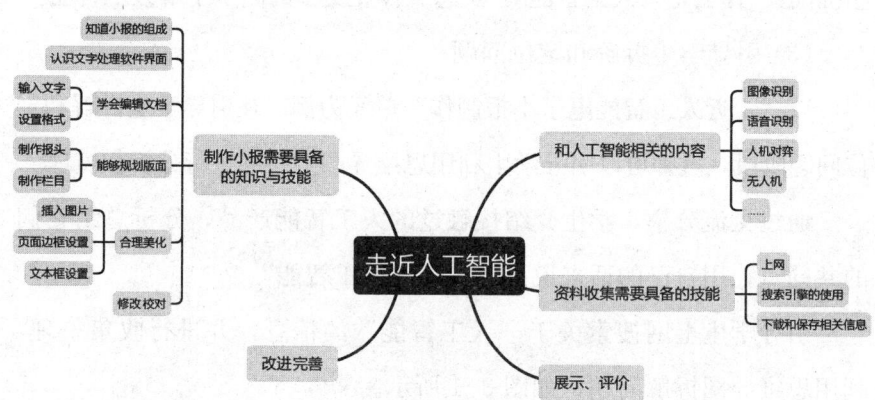

图3-2　"走近人工智能"单元任务分解图

根据思维导图，教师可以引导学生以表格的形式（表3-3）围绕计算思维的几个环节，对单元问题进行进一步的细化分解。依据项目任务问题，以整体性和结构化的方式组织教学内容的设计原则，围绕课程标准、教学基本要求以及教材进行资源有效开发和重组。分配解决问题的教学课时，引导学生在学习过程中形成问题解决方案。

表3-3　电子小报制作问题分解

待解决的问题	问题分解	问题链
如何设计并制作电子小报？	明确问题	1. 学生对单元主题的了解有哪些？
		2. 该主题下包含哪些方面的内容？
		3. 单元项目活动的目标是什么？
	制定计划	1. 电子小报的作用及组成是什么？
		2. 电子小报的制作流程是什么？
		3. 电子小报的评价标准是怎样的？

(续表)

待解决的问题	问题分解	问题链
如何设计并制作电子小报？	搜集素材	1. 怎样搜集素材？ 2. 如何保存素材？
	设计制作	1. 电子小报的排版和栏目设计。 2. 在制作过程中会遇到哪些问题？
	展示评价	1. 在这个作品中你获得哪些有关"人工智能"的信息？这个作品的优点是什么？ 2. 可以改进的地方有哪些？
	改进完善	根据修改意见表可以做哪些修改？

（5）帮助学生进行知识的拓展迁移

通过电子小报的制作，学生基本掌握了通过数字作品进行信息的分享，以及对特定知识内容的学习，之后教师可以根据学生的兴趣，引导学生去制作其他的主题，如"如何做好个人卫生""什么是新冠病毒"等的媒体展示类数字作品，让学生利用思维导图梳理问题链，寻找解决各个子问题的解决方案。通过小报，电子书PPT等的制作，寻找问题的答案，通过发现问题—拆解和定位问题—梳理问题链—寻找子问题的解决方法，形成解决方案，通过一定范围内的分享评价交流，评估自己的作品，完善解决方案，将问题的解决过程拓展和迁移到更广泛的问题情境中。

（6）活动评价

从计算思维解决问题的角度出发，根据主题制定评价表，在评价中审视作品的同时，再次梳理了解决问题的步骤，是对计算思维培养的一次巩固。以"走近人工智能电子小报制作"项目为例，评价表如表3-4所示。

表 3-4 电子小报作品评价表①

评价内容		评价指标	评价
明确主题　制定计划		主题明确，能根据主题有条理地规划内容	☺☺☺☺
问题解决方案	资料收集	主题明确，围绕主题准确搜集资料，并完整注明资料出处	☺☺☺
	制作技术	能熟练使用软件对资料进行加工制作	☺☺☺
	作品质量	布局合理、图文配合恰当、色彩协调	☺☺☺
	有自己的见解	作品中有自己的见解，思路清晰	☺☺☺
作品交流	小组交流	积极展示作品，展示的作品都围绕目标或主题开展	☺☺☺☺
	修改完善	能听取同学的意见，并根据意见修改完善作品	☺☺☺

以初中阶段的图形化编程单元为例，可以将单元教学设计的操作路径设计过程如下。

【图形化编程单元设计的操作路径】

（1）学情分析

初中生已经具备了一定的解决简单问题的能力，他们在小学时学习过了使用计算机制作小报、画图、收发电子邮件等技能，但是对于程序设计的思想很少接触，只有一小部分有兴趣的学生接触过图形化编程。

图形化编程把枯燥乏味的数字代码变成"积木"状的模块，让初中生在搭建积木的过程中学习编程。本单元通过使用图形化编程工具引导初中生在游戏设计的过程中逐渐形成逻辑分析、独立思考以及创新的思维方式，学会提出问题、分解问题和解决问题。

---

① 　上海市教育委员会教学研究室:《上海市小学信息科技学科教学基本要求》,中华地图学社 2016 年版。

（2）提出问题

教师可以先播放一段 F1 赛车片段的视频，通过激烈的赛车场景，激发学生进一步学习的兴趣，并了解赛车过程的细节。然后向学生提出本单元的学习任务是编写一个赛车游戏。

"赛车游戏"是一种常见的体育游戏，有趣而又简易。玩家通过键盘来控制赛车的运动，游戏要求赛车不能离开跑道，玩家在规定的时间和生命值内达到终点则过关，否则失败。

教师向学生提出问题：这样一个小游戏如果由我们自己来制作应该如何设计场景、角色以及规则，最后制作出完整的游戏呢？

（3）引导学生拆解和定位问题

通过小组讨论的形式，引导学生思考如果用图形化编程软件来编写这个程序，需要解决哪些问题。

学生经过小组讨论可以发现，有以下几个问题需要解决：

① 如何控制赛车的前进后退以及转弯？

② 如何进行比赛时间的计算，超出时间该如何处理？

③ 如何设置奖励与惩罚机制，如超时要扣除多少生命值？

④ 比赛背景该如何切换，何时切换？

学生通过讨论可以总结出以下认识：制作"赛车游戏"需要启动画面、2 个游戏场景和 5 个角色，即赛车、终点线、开始按钮、胜利标志和失败标志。游戏运行后，首先进入第一关，该关卡的赛道比较平直，玩家在规定时间控制赛车到达终点，当玩家在前进过程中车灯碰到跑道边缘，赛车生命值将减少 5 分，并自动后退 5 步。玩家按要求到达终点后，游戏将自动进入弯道更多的第二关，当顺利完成二关时，游戏胜利，否则失败。思维导图如图 3-3 所示。

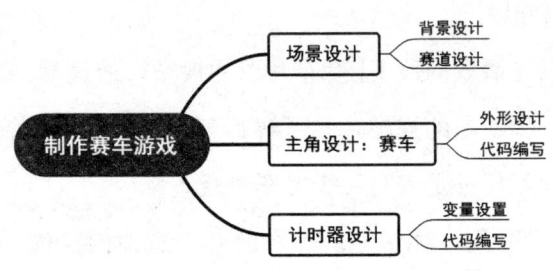

图 3-3 制作赛车游戏思维导图

引导学生思考要实现"赛车游戏"的这些功能,我们需要对"背景""开始按钮"以及"赛车"这个三个部分的编程积木的"事件""外观""控制"进行设计,教师应适时地为其提供各种学习支架,创造与学生间交流讨论的机会,帮助学生克服困难,形成解决问题的方案。学习支架可以包括:

Ⅰ.学习流程支架,用于帮助学生形成解决问题的整体思路。如:抽象与建模、设计算法、编写程序、调试程序等。

Ⅱ.学习内容支架,用于帮助学生整理、记录知识结构。如:图形化编程的基本步骤、算法的三种基本结构、关系运算"与""或""非"的概念等。

Ⅲ.概念支架,用于帮助学生理解某些概念。如变量、变量的设置、在程序中"事件""控制""外观"等。

Ⅳ.提示支架,用于引导学生思考。以"问题"或"问题链"的方式呈现。以下以"赛车游戏"的程序编写为例,呈现建立模型时的提示支架。[1]

讨论问题1:导入老师提供的素材后,我们还需要自己添加什么

---

[1] 方其桂:《Scratch 游戏编程趣味课堂》,清华大学出版社 2019 年版。

角色吗?

学生回答:老师提供的素材有背景和三条赛道的图片,还有开始按钮、胜利标志、结束标识,我认为还需要添加的是赛车的图片和终点线的图片。

讨论问题 2:素材都添加好后,哪些角色需要进行脚本设计?表 3-5 中加粗字体为教师提供,下划线部分为学生填写。

表 3-5 "赛车游戏"设计脚本

名称	脚本规划	需要的编程积木
背景	单击 ▶ 后,背景设置为"赛车场背景" 单击"开始按钮"后,背景切换为"<u>路线 1</u>"	事件:当 ▶ 被单击 外观:<u>背景切换</u>
开始按钮	单击 ▶ 后,<u>显示</u> 被单击后,<u>切换背景,隐藏,广播"开始"</u> 并开始计时	事件:当 ▶ 被单击,广播 外观:<u>显示,背景切换, 隐藏</u>
赛车	单击 ▶ 后,<u>隐藏</u>(填隐藏或显示) 当背景切换时,<u>显示</u>(填隐藏或显示) 当按下上移键、左移键或右移键时,<u>分别移 动 10 步、左转或右转 10°</u> 当接收到"开始"广播时,<u>初始化位置,重 复判断赛车是否碰到边缘或终点,以及计时 器值是否超过时限,生命值是否不足</u>	事件:当 ▶ 被单击,广播 运动:<u>移动</u>

我们可以发现,"赛车"是游戏的主角,其脚本分别由键盘按键、旗帜被单击、广播、背景切换等事件来触发。

讨论问题 3:如何实现重复判断赛车是否碰到边缘或终点?

这里向学生提供程序控制的三种基本结构:顺序结构(图 3-4)、分支结构(图 3-5)、循环结构(图 3-6)的概念。

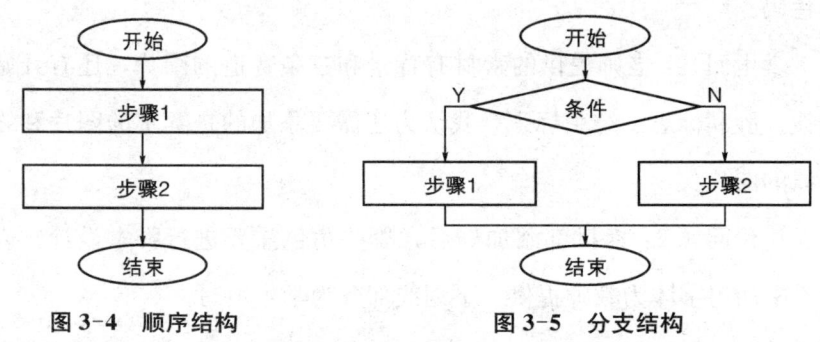

图 3-4　顺序结构　　　　　图 3-5　分支结构

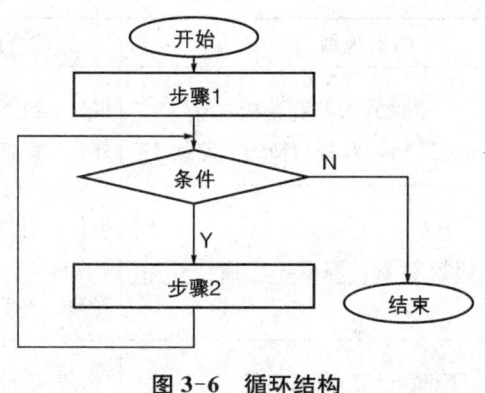

图 3-6　循环结构

引导学生交流讨论后发现，程序需要反复测试赛车是否偏离跑道，如偏离轨道则需要后退 5 步，并将生命值减 5。

可用图 3-7 的流程图表示。

问题讨论 4：运动控制脚本的添加，当按下上下左右方向键时，角色"赛车"分别作出相应动作是如何实现的？

学生通过对图形化编程软件的探索后发现，可通过图 3-8 所示编程积木块实现这个功能。

问题讨论 5：当游戏开始后，赛车如何初始化位置和生命值？

学生经过讨论及探究后，形成如图 3-9 所示的脚本。

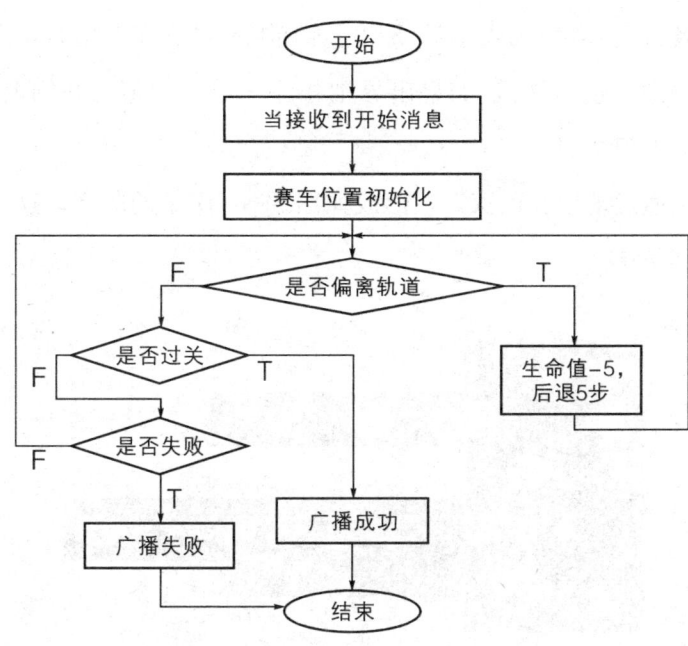

图 3-7　描述赛车游戏算法的流程图

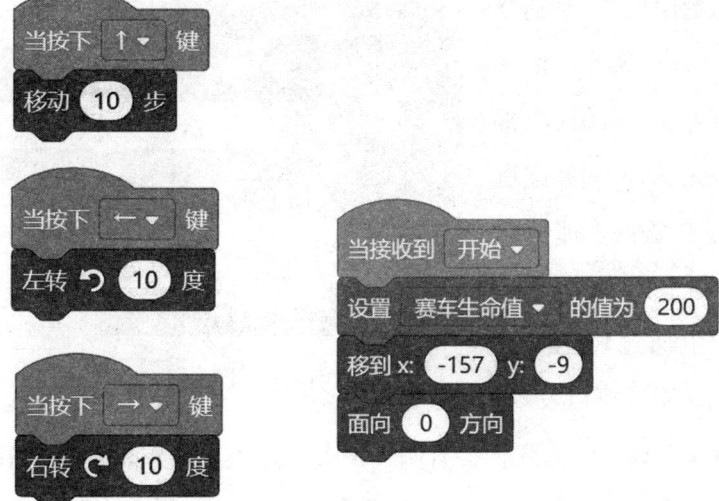

图 3-8　各方向键对应的角色动作　　图 3-9　初始化赛车角色的位置和生命值

问题讨论6：犯规脚本的添加，如何判断"赛车"是否出界（黄色车灯碰到白色边缘），如果出界则扣除5分生命值，并倒退5步，这个功能如何实现？

学生通过动手实践探索，形成如图3-10所示的脚本，这里需要用到循环结构。

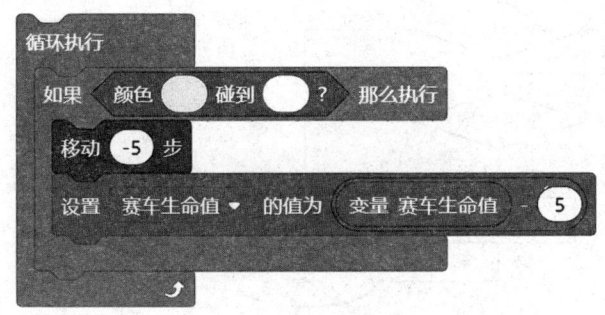

图3-10 犯规脚本

问题讨论7：到达终点脚本时，"赛车"的车灯碰到终点线（红色部分）是进入下一关或胜利的必要条件，那应该如何设计脚本呢？

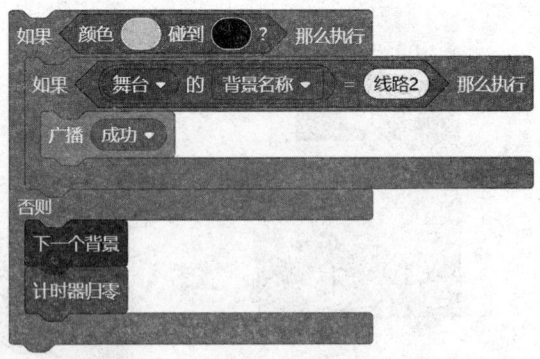

图3-11 赛车到达终点时的脚本

学生通过讨论并动手实践探索，可以发现，当"赛车"碰到终点线，会有两种情况，进入下一关或者获得最后胜利，这里需要用到分支结构，最后形成如图3-11所示的脚本。

问题讨论8：失败脚本该如何设计？

学生经过讨论后发现失败的情况分为两种,分别是超时或是赛车生命值小于50,需要用到"或"的关系运算符。学生经过动手实践操作后,形成如图3-12所示的脚本。

图3-12 失败脚本

(4) 帮助学生进行知识的拓展迁移

通过赛车游戏的制作,学生基本掌握了图形化编程的基本方法,之后教师可以根据学生的兴趣,引导学生去开发其他功能游戏程序,如"走迷宫""拼图""连连看"等游戏都可以让学生去尝试解决。让学生自己发现问题,解决问题,通过游戏程序的编写发展学生的计算思维。学生通过图形化编程学会了借助计算机来解决问题,通过算法形成自动化解决方案,识别、分析、应用各种可行的解决方法,对比要实现的目标,找到效果最好、效率最优的解决方案,将问题的解决过程拓展和迁移到更广泛的问题情境中。

(5) 活动评价

由于这个单元教学内容是一个游戏的设计制作,初中学生应该非常感兴趣,并很愿意相互交流各自制作的游戏,这就给多元评价提供了条件,我们可以让学生自评以及互评。

例如赛车游戏制作活动的评价量表设计如表3-6所示。

表 3-6　作品评价量表

评价标准 非常符合——3 分 基本符合——2 分 基本不符合——1 分 完全不符合——0 分	自评	互评
1. 小汽车可以通过键盘自由控制，前进后退及转弯		
2. 赛道设计合理，既能提高游戏的趣味性，又不会难度太大		
3. 小汽车角色的制作外观精美		
4. 小汽车如果超出赛道会扣分		
5. 有计时器，并能准确计时		
6. 游戏能够在计数器显示超时时结束，并显示游戏失败		
7. 游戏结束后能顺利进入下一关，并变换赛道		

在进行活动评价时，除了采用评价量表打分，还可以灵活采用多种多样的形式。比如让学生以比赛的形式给其他组的作品写评语，写优缺点，并选出自己认为设计得最好的游戏，可以是从游戏的趣味性，也可以是界面的美观程度，或者是游戏角色的设计，形式多样的评价讨论也是一种计算思维的培养。

以高中阶段为例，《必修 1 数据与计算模块》"第二章算法与程序实现"单元的设计路径如下。

【"算法与程序实现"单元的设计路径】

（1）学情分析

在本单元教学设计中具体包含以下几个方面。

首先是分析教材内容：

《普通高中教科书信息技术必修1 数据与计算》（以下简称"教材"）第二章算法与程序实现主要包含了算法与算法的描述、程序设计语言基本知识以及常用算法及其程序实现这三部分知识。这些内容对于编程解决问题而言具有相对完整性，内部各要素间有逻辑关联，能形成一个有机整体，能够发挥整体效应；而与其他教学单元"数据与大数据""数据处理与应用""走进人工智能"以及"信息系统与社会"等之间具有比较明确的边界。因此，把教材中的本章节作为一个教学单元。

其次是确定教学目标：

本单元教学目标的确定，是借鉴了李锋"以学科大概念为锚点，界定单元学习目标"[1]的方法来实施的。

与本单元密切相关的大概念是"算法"。美国计算机科学家克努特（D. E. Knuth）认为，算法就是一个有穷规则的集合，它规定了一个解决某一特定类型问题的运算序列。可以把算法理解为若干基本操作及其规则作为元素的集合。在计算机科学中，为保证计算机有序执行指令，算法应具有指定输入、指定输出、确定性、有效性和有限性五个基本属性。从程序结构来看，通过顺序执行、条件分支和循环三种结构方式可基本完成算法的流程，实现复杂问题条理化和简单化。[2] 由此可见，算法与程序是学科大概念（算法）中重要的两个组成部分，也是体现计算思维质量的主要内容。因此本单元的教学以

---

[1] 李锋,程亮,王吉庆:《面向学科核心素养的信息技术单元设计与实现》,载《课程·教材·教法》2021年第10期,第114-119页。
[2] 任友群,黄荣怀:《〈普通高中信息技术课程标准(2017年版,2020年修订)〉解读》,高等教育出版社2020年版。

"算法"与"程序"为核心概念。进一步分解这两个核心概念，形成概念群；通过"编程解决问题"的应用过程将它们联系起来。这样，就构成了本单元教学内容的结构框架，如图 3-13 所示。

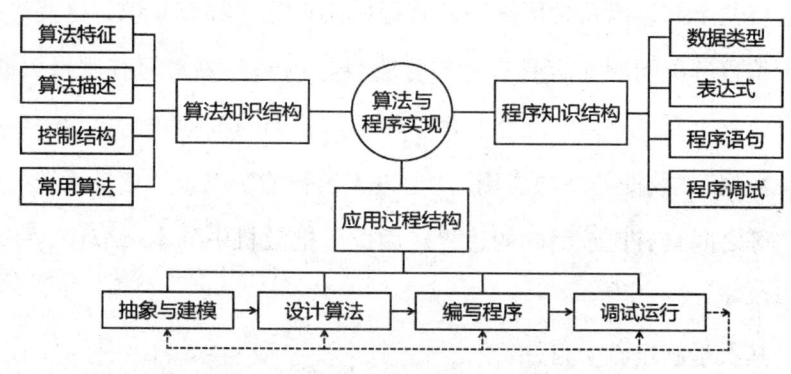

图 3-13　单元教学内容的结构框架

结合课程标准的内容要求 1.6 与 1.7、学业要求、学业质量水平 2 级的描述，以及教材第二章的学习目标，从所知、所能、所成三方面确定单元教学目标。具体内容如下：

Ⅰ. 在探究活动中，理解算法的概念与特征，掌握描述算法的方法及 Python 程序设计语言的基本知识。（所知）

Ⅱ. 在解决问题的过程中，能用计算机可处理的方式界定问题、抽象特征，合理应用三种控制结构描述算法，并应用 Python 程序设计语言实现简单算法。（所能）

Ⅲ. 迁移应用知识，解决生活中的实际问题，感受算法效率，优化解决方案。（所成）

最后是分析学生情况：

A. 了解整体学生的学习起点水平：

通过阅读初中阶段教材及询问初中教师的教学情况，本届学生的整体情况是初中阶段还未开设过编程类课程，对于算法的概念、算法的特征、算法的描述方法、程序基础均没有基础。询问部分学生，结论也是相同的。只有个别学生在校外参加了编程方面的训练，这类学生在班级中不足5%。

结论1：单元问题运用到的算法与程序设计知识难度要低，且不能过于复杂。

B. 观察学生的日常与本章节内容的连接：

随着计算机及网络的普及，信息技术已渗透到日常生活的方方面面。手机、家电等电子产品智能化，计算机、手机软件与嵌入式系统软件的应用越来越广泛，程序可谓是无处不在。生活中，在程序的助推下，人们购物、点餐、出行、学习变得越来越方便与高效；各种家电如洗衣机、电饭煲、扫地机、电冰箱等在智能化程序的助力下，提升了人们的生活品质；依托大数据、人工智能的发展，程序将搜集得到的大量数据进行处理，使得社会资源的配置得以优化，机器在智力比赛中战胜人类的设想也变成了现实。众多领域的应用，无不体现着算法的思想。学生身在其中，其实有很多感性体验。但是，这些与以往教材的编程内容又有着很大的不同。以往的编程学习通常是完成一个计算类的程序。由于不能很好地解决学生生活中的问题，学生往往觉得学习的意义不大，从而丧失学习的兴趣。而学生生活中感受到的程序虽有意义，但它往往是一个系统，总体比较复杂，学生不易掌握。由此，考虑单元问题应该结合二者的优势。

结论2：可以从某类实用的软件系统中提取部分简单的功能来开展教学。

C. 随访学生对教材示例的熟悉度与兴趣度：

教材章节内与本章项目主题"编程应用助健康"相关的示例有：关于智能跑步机的心率跑的运转过程的描述、关于 BMI 指数的计算与人体健康状况分类的实现以及关于跑步训练报表信息的实现。

随访问题1：你使用过跑步机跑步吗？知道跑步机有几种跑步模式吗？

随访问题2：你知道 BMI 指数吗？它的作用是什么？值是如何计算的？

随访问题3：你知道有记录运动功能的 App 吗？能提供哪些功能？

随访结果是：关于问题1，使用过跑步机跑步的学生不足 1%，也不知道有什么跑步模式，谈及时表情很漠然；关于问题2：有 75% 左右的学生都听说过，也了解一些作用，但是知道如何计算的只有 40% 左右，谈及时情绪很高涨，很愿意回答你的问题；关于问题3：有 95% 的同学都知道有这样的 App，最多提及的功能是记录走路的步数、跑步的公里数等，还有提及跳操的类型等，谈及时情绪比较放松，学生间的交流比较多。

结论3：可以沿用教材中的项目主题即"编程应用助健康"，从健康的角度，提取诸如 BMI 计算及分类、记录走路的步数、跑步的公里数等学生熟悉的功能来开展教学。

（2）提出问题

综合以上了解与分析的学生情况，对于授课对象的高一学生而言，有以下特点：①对算法与程序实现单元的主要概念基本没有基础；②对健康管理有一定的兴趣；③对生活中的软件系统有一定的体验与认识；④逻辑思维的发展对从软件系统中提炼"模块"与"功能"等抽象事物成为可能，由此，提出了本单元需要解决的问题："学生健康体质管理"软件系统简单功能的实现。

对于描述还比较笼统的单元问题，基于以下这些思考做进一步梳理与细化。

A. 现实生活中一般健康体质管理的软件系统中会有哪些常用的功能？

选取生活中常用的运动管理软件、健康监测软件进行试用，将这些软件中常用的功能一一列举出来。接着，试图建立起这些功能的联系，形成相应的模块。最后运用思维导图，建立起"软件—模块—功能"的层级结构。

B. 这些功能是否适合于学生？

有些健康体质管理软件常有监测心血管类、血糖类指标的功能，而根据学校卫生室掌握的数据，多年来整个学校学生患有疾病的人数不超过5‰；有些运动管理软件提供了许多训练项目，完成项目需要占用很多时间，而学生是以学习为主的，并没有很多时间参加各种训练；另外，学生还在生长发育期间，有些运动并不适合学生锻炼。所以，本单元选择实现的模块与功能应符合大部分学生的特点。

C. 是否适合在课堂上教学？

课堂上适合教学的问题，应该是与达成单元教学目标相一致的；解决问题所使用的思想方法或知识结构存在一定的逻辑性与层次性；并且与单元课时相匹配。单元教学目标中明确是实现简单的算法。因此，难度过大、需要耗费时间过长的功能，以及原理过于类似、不能体现学习层次性的功能，不适合课堂教学。

经过梳理"学生健康体质管理"软件系统需实现的简单功能、模块及子问题为：

功能Ⅰ.学生基本信息输入及显示；（注册模块）

功能Ⅱ.学生BMI指数的计算与显示以及体质分类的显示；（体质监测模块）

功能Ⅲ.统计学生运动情况（以走路为例）：累计里程数、最高里程数以及筛选特定条件的运动里程数。（统计模块）

相关子问题：

① 了解将要设计实现的"学生健康体质管理"软件系统的组成、具体模块及功能，并用思维导图制作成三层结构图。

② 实现注册模块，形成账号，获取使用者的个人信息，包括昵称、手机号、性别、年龄等，并将数据显示出来。

③ 监测使用者的健康状况，获取体重与身高的数据，计算出BMI的值。

④ 根据已计算得到的BMI值，确定BMI健康分类。

⑤ 统计运动期间内使用者的运动（走路）数据，显示相关的数据信息。

⑥ 统计运动期间内使用者运动（走路）的总里程数、（以2周为计）日均里程数以及本周与前周总里程数的差值。

⑦ 根据实际锻炼情况，统计运动期间使用者运动（走路）的最长里程数。

⑧ 统计运动期间内使用者运动低于预设值的次数，并显示相应的日期与运动数据。

（3）引导学生拆解和定位问题

A. 在进入单元伊始，鼓励学生观察（经应教学需求处理后的）生活中常用的配套电子秤、运动管理、健康监测等软件系统，让他们通过对比、分析、归纳与简化这些软件的功能，运用思维导图形成学生所需的"健康体质管理"软件系统的模块规划，然后再将这个规划细化为所需实现的程序功能，最终形成软件—模块—功能的三级结构图。在学生梳理功能时，提示他们提取"关键的""适合的"功能，剔除"不适合的""重复的"功能，合并"类似的"功能。

B. 在解决第②~⑧个子问题的课程中，根据已有的模块规划三级结构图，明确子问题所属的模块与需要实现的功能。

C. 在解决第②~⑧个子问题的课程中，对于每个问题的解决，学生在如下"问题链"表引导下，经历抽象与建模、设计算法、编写程序与调试程序四个应用（编程解决问题）过程的环节，逐步确定解决问题的难点所在（表3-7）。

表3-7 "问题链"

问题序号	问题
①	解决当前问题是否可以运用已有的经验？
②	解决问题需要哪些数据，数据的来源与数据反馈是怎样表示的？
③	解决问题的方案是什么？
④	如何来表达计算机处理（解决方案）的过程？
⑤	如何用程序来实现计算机处理过程的表达？
⑥	程序运行中出现的问题该如何解决？
⑦	如何来优化程序（改善界面、提高效率或简化程序）？
⑧	解决当前问题是否能有效促成整体问题的解决？
⑨	是否能将解决的问题方案总结成一个知识模型？

学生在面对第②个子问题时，没有任何编程解决问题的经验，因此，解决子问题主要就是经历四个环节的过程。而解决这个问题的难点在于：一是学生不知道计算机学科对于问题的形式化表达与生活中

或者数学等其他学科的表达是有所不同的——它需要用符号来表示确定的已知条件、最终求解目标、约束条件，以及使用的变量间关系；二是学生不知道如何用 Python 来实现算法，这其中涉及很多 Python 的基础知识。

学生在面对第③～⑥个子问题时，已经历过编程的四个环节，同时这些子问题比较简单，对于问题的界定与形式化表达并不难，而难点在于如何根据解决方案构建结构模型，如何用恰当的形式进行数据的表征，以及实现结构模型的 Python 语句。

学生在面对第⑦、⑧个子问题时，已经具备了解决简单问题的知识结构与能力，包括已掌握了基本结构模型的建立与 Python 实现结构的语句。解决这两个子问题的难点在于：一是要有效地迁移运用知识，二是要构建完善的算法结构模型。

（4）引导学生形成解决方案

在教学过程中，教师适时地为其提供各种学习支架与学生间交流的机会，帮助学生克服困难，形成解决问题的方案。学习支架包括：

Ⅰ.学习流程支架，用于帮助学生形成解决问题的整体思路。以标题式列明。如，抽象与建模、设计算法、编写程序、调试程序等。

Ⅱ.学习内容支架，用于帮助学生整理、记录知识结构。以文字、表格呈现。如，常用的函数、算法三种基本结构及 Python 基本语句语法与实例等。

Ⅲ.概念支架，用于帮助学生理解某个概念。以动画、图片、视频等多媒体方式呈现。

Ⅳ.提示支架，用于引导学生思考。以"问题"或"问题链"的方式呈现。以上表格即为一种"问题链"方式的提示支架；以下以

"解决第⑦个子问题（根据实际锻炼情况，统计运动期间使用者运动（走路）的最长里程数）"为例，呈现建立模型时的提示支架。

讨论问题1：列举实际使用中产生运动最长里程数的各种情况，以及各种情况下如何解决问题？完成表格的填写（表3-8中粗体部分是教师提供的，非粗体部分是预设学生填写的【以下均同】）。

表3-8

实际情况	输出结果	解决问题方法
锻炼次数0	无	直接输出
锻炼次数1	第1次的里程数	直接输出
锻炼次数2	2次中较长的里程数	2个数比较后输出
……		
锻炼次数n	n次中最长的里程数	n个数比较后输出

讨论问题2：求实际最长里程数问题中，各种情况下的解决方案设计。

① 锻炼次数为0的情况下（表3-9）：

表3-9

已知	处理	输出
/	/	无

② 锻炼次数为1的情况下（表3-10）：

表3-10

已知	处理	输出
$d[0]$	/	$d[0]$

③ 锻炼次数为2的情况下（表3-11）：

表 3-11

已知	处理（流程图）	输出
d[0], d[1]	判断 d[0]≥d[1]，是则 max=d[0]，否则 max=d[1]	max

④ 锻炼次数为 3 的情况下（表 3-12），学生有多种处理方法。

方法 1：

表 3-12

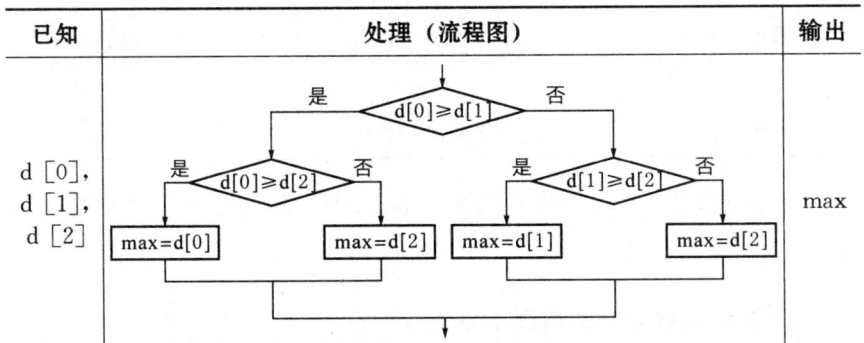

已知	处理（流程图）	输出
d[0], d[1], d[2]	先判断 d[0]≥d[1]：是则再判断 d[0]≥d[2]，是 max=d[0]，否 max=d[2]；否则再判断 d[1]≥d[2]，是 max=d[1]，否 max=d[2]	max

方法 2（表 3-13）：

表 3-13

已知	处理（流程图）	输出
d[0], d[1], d[2]	判断 d[0]≥d[1] 且 d[0]≥d[2]：是则 max=d[0]；否则再判断 d[1]≥d[2]，是 max=d[1]，否 max=d[2]	max

方法 3（表 3-14）：

表 3-14

已知	处理（流程图）	输出
d [0], d [1], d [2]	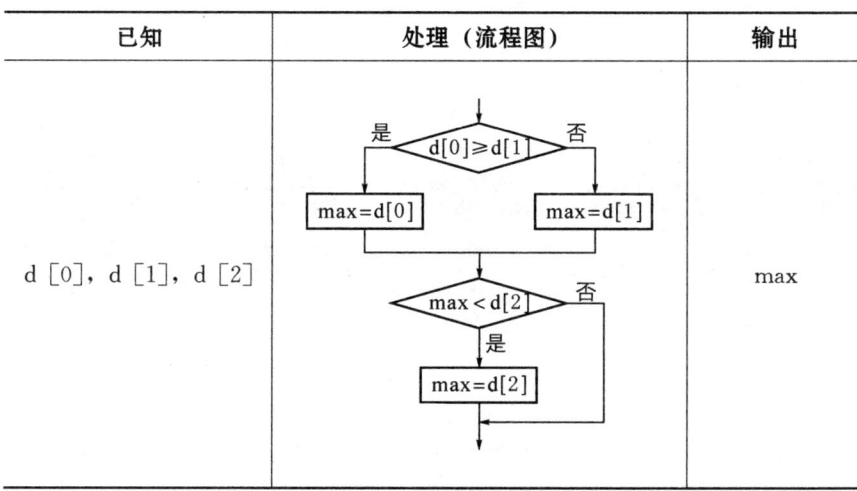	max

⑤ 锻炼次数为 4 的情况下（表 3-15）：

表 3-15

已知	处理（流程图）	输出
d [0], d [1], d [2], d [3]		max

讨论问题 3：学生观看"（擂台法）三人比高低"动画，根据打擂台过程中呈现的 5 个关键画面，用流程图表示出正确的计算过程（图 3-14）。

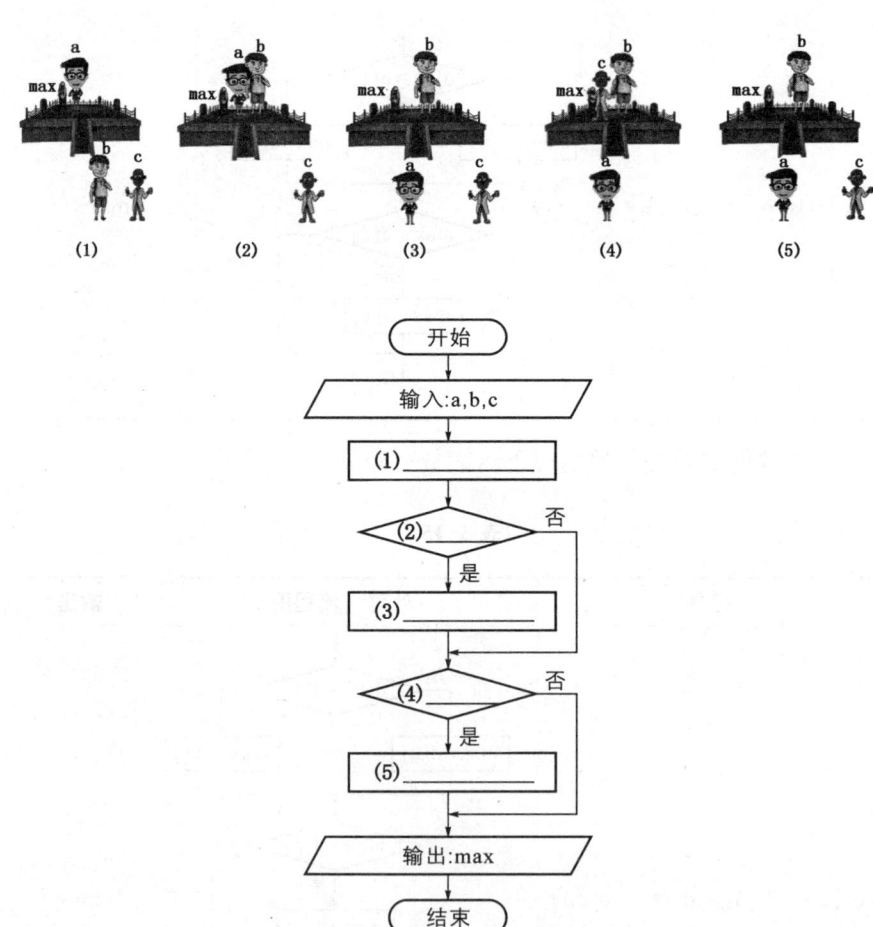

图 3-14　正确的计算过程流程

讨论问题 4：以上"三人比高低"的解决方案是否适用于"锻炼 3 次，求运动的最长里程数"的问题？比较讨论问题 2 中第④种情况与方法 3 的区别。

讨论问题 5："擂台法"是否也能解决"锻炼 n 次（$n \geq 4$）"情况下的本课堂问题？

讨论问题 6：尝试绘制解决"锻炼 5 次，求最长里程数"问题的流程图。

讨论问题 7：是否能在已有流程图的基础上，完成"锻炼 n 次（n 表示里程数列表 d 中的个数且 $n \geq 4$），求最长里程数"问题的流程图？如何修改？

讨论问题 8：用循环结构表示"擂台法"的算法是否能表示前面讨论的若干种求实际锻炼最长里程数的情况？（在教师提供的表 3-16 第三列中表示）

表 3-16

锻炼次数	结果	标注（适用画√）
0	0（无）	
1	锻炼 1 次的里程数	√
2	2 次里较长的里程数	√
3	3 次里最长的里程数	√
4	4 次里最长的里程数	√
n（多次）	n 次里最长的里程数	√

以上提示支架，引导学生经历一种建立模型的思路，即分解问题（将一个比较复杂的问题通过讨论分解成若干个独立的子问题）→独立构建小规模子问题的模型→将小规模子问题的模型应用于构建较大规模子问题的模型→整体性反思与归纳独立子问题的模型，形成解决

整个问题的模型。

Ⅴ.工具支架，方便学生数字化学习与创作。Python软件、ppt、思维导图、协作文档、绘制流程图工具等。

学生间相互交流共享学习成果，对于方案的形成也至关重要。就以解决第⑦个子问题建立模型环节为例，在设计"锻炼次数为3"的情况下，学生大致会有3种方法，如果应用前两种方法的同学，在进行"锻炼次数为4"的情况下设计时，会变得比较复杂，不容易表示。那么，适时地让学生之间开展交流就十分有必要，而且效果将会非常好；在观看"擂台法"视频后，将五个关键画面抽象归纳为流程图的过程，有些学生也会遇到一定的困难，同伴的交流与帮助会让他们快速地领悟到关键要素，从而顺利地掌握"擂台法"思想。

以"解决第⑦个子问题建立模型环节"为例可见，如果让学生一上来就设计这个问题的解决方案，学生会有很大的困难。但是通过教师的引导，应用各种支架与交流的结合，学生逐步厘清了思路，并用规范的方式清晰地表达了解决方案。在解决其他子问题的教学中，也应用相似的方法，实现学生在单元教学初期所设计的"健康体质管理"软件系统中一些简单模块的功能。

（5）帮助学生进行知识的拓展迁移

拓展迁移是培养计算思维的一种重要手段，也是检验学生计算思维品质的一种有效途径。拓展迁移的发生可以在课上，也可以在课外。

课上，受限于课时，在单元设计中往往通过对子问题的先后编排顺序，促使学生能迁移运用已有的知识解决新问题中的一部分。例如，在解决第②个子问题时，学生经历了编程解决问题的四个环节，了解了计算机学科对于问题的形式化表达与生活中或者数学等其他学科表达的不同，也学习了 Python 的一些基础知识，实现了简单的输入与输出功能；在解决后续问题时，基本都用到了这部分知识。在第③～⑥个子问题解决过程中，学生进一步学习了算法的三种结构以及 Python 实现结构的语句，而要解决第⑦个和第⑧个子问题就要使用这部分知识。

课外，通常是以作业的形式来实现。作业分为短作业与长作业。在本单元的作业设计中，短作业通常完成与课堂功能相似的一个程序，取材来自课堂教学情境的拓展。比如，本单元的情境是"学生健康体质管理"软件系统，那么可以在现有模块的基础上假设再添加一个打卡模块。实现这个模块的相关功能程序就可以作为短作业的内容了，诸如："呈现周期性的奖励卡卡""累计奖励的卡卡值计算"等。再比如，第一单元的情境是"学校图书推荐系统"，"书本录入"模块的程序功能就与本单元中的"注册用户"模块的相似；也可以设计"在一批已知的书（书名、出版社、类型分别存放于三个列表）中，根据同学们的评价均分，找出最受欢迎的图书，或者找出所有符合某个出版社出版的某类型的书"等程序功能。长作业通常是跨度时间比较长的作业。可以让学生寻找一个自己感兴趣的软件系统进行研究，然后运用课堂所学进行部分功能的程序开发。

(6) 单元评价

单元评价是单元教学的有机组成部分，主要起到诊断与促进学生学习的作用。本单元的评价基于信息技术核心素养之一的计算思维展开，主要以它的四个具体表现作为考量依据。从可信度方面考虑，采用学生自评与师评相结合的方式。评价周期以解决一个子问题为单位开展。

师评主要取自课堂上学生学习过程中的记录,根据学生解决问题的结果赋予分值评价,并结合学生课堂表现,反馈给学生学习建议。由于解决每个子问题过程中课堂上生成的记录并不统一,因而无法制作统一的模板,以下以解决第⑦个子问题为例呈现师评部分(表3-17)。

表 3-17 教师对学生的评价(共 100 分)

班级_____ 学号_____ 姓名_____

项目	细分项	分值	评分
界定问题	—	清楚(5分),不清楚(0分)	
分情况讨论问题	—	全(5分),能(3分),不能(2分)	
分情况问题的解决方案表示	0次锻炼	正确(1分),不正确(0分)	
	1次锻炼	正确(1分),不正确(0分)	
	2次锻炼	完全正确(3分),基本正确(2分),不正确(0分)	
	3次锻炼	完全正确(5分),基本正确(3分),不正确(0分)	
	4次锻炼	正确(2分),不正确(0分)	
	5次锻炼	完全正确(8分),基本正确(6分),有较大错误(3分),不正确(0分)	
	n次锻炼	正确(2分),不正确(0分)	
思考问题解决方案有效性		正确(3分),不正确(0分)	
问题解决方案表示		完全正确(10分),基本正确(6分),有较大错误(3分),不正确(0分)	
编程与调试		完全正确(12分),基本正确(10分),有较大错误(5分),不正确(0分)	
学习擂台法	—	完全正确(10分),基本正确(8分),有较大错误(3分),不正确(0分)	

(续表)

项目	细分项	分值	评分
延伸探讨中的界定问题		正确（2分），不正确（0分）	
延伸探讨中的建模与设计算法		完全正确（8分），基本正确（5分），不正确（0分）	
延伸探讨中的编程与调试		完全正确（8分），基本正确（6分），有较大错误（3分），不正确（0分）	
回家作业		完全正确（15分），基本正确（10分），有较大错误（5分），不正确（0分）	

学生自评主要以监督自己为目标，对自己课堂表现赋予分值评价。学生自评表以表3-18为基础。

表3-18　关于解决第_____个问题的自评表

第一部分：选择题

班级		姓名		学号		总分	
评价环节	评价内容			描述			自评
				A(5)	B(3)	C(0)	
抽象与建模	分析问题的已知对象及输出结果正确			完全正确	遗漏少量输出对象	不正确	
	表示对象的数据形式与类型正确			完全正确	个别（10%以内）不正确	不正确	
	找到正确的解决问题的方法			完全正确	有缺陷	不正确	
	解决问题的方法来源			自己	共同	他人	
	解决问题的方法简单实用			是	一般	否	
设计算法	能正确描述算法			完全正确	有缺陷	不正确	
	能快速描述算法			是	一般	否	
	描述算法简洁			是	一般	否	
	描述算法时是否独立完成			完全是	需要他人帮助	完全不是	

(续表)

评价环节	评价内容	描述 A (5)	描述 B (3)	描述 C (0)	自评
编写和调试程序	能正确编写与调试程序	完全正确	有缺陷	不正确	
	能快速编写与调试程序	是	一般	否	
	编写的程序错误时，能找到原因	是	一般	否	
	编写的程序错误时，能快速找到原因	是	一般	否	
	编写与调试程序时，是否独立完成	完全是	需要他人帮助	完全不是	
优化	能想到对算法或程序优化	是	—	否	
	能找到优化的方法与途径	是	需要他人帮助	否	

第二部分：简答题

解决这个问题的过程中，你学习了哪些新概念？这些新概念有哪些关键点？

_____。

但根据具体解决的问题、培养计算思维的侧重点等不同而略有不同，以下呈现解决第⑦个子问题教学中的学生评价部分（表3-19）。

表3-19 学生自评（共100分）

第一部分：选择题（80分）

评价环节	评价内容	分值	自评
抽象与建模	对于本次课涉及的问题，正确分析已知对象及输出结果	完全正确（5分），大部分正确（3分），不正确（0分）	
	正确表示已知对象与输出结果的数据形式与类型	完全正确（5分），不正确（0分）	
	对"最长里程数"问题进行了分情况讨论	完整（5分），遗漏部分情况（3分），没有分情况讨论（0分）	

(续表)

评价环节	评价内容	分值	自评
抽象与建模	在分情况（锻炼0~4次）的讨论中，用流程图正确地表示相应问题的解决方法	全部正确（5分），3个以上（不含3个）正确（3分），不正确（0分）	
	谁找到了以上解决问题的方法	自己（5分），与同学共同（3分），同学（0分）	
	是否理解擂台法的原理	是（5分），否（0分）	
	用流程图正确表示擂台法"三人比高低"的计算过程	完全正确（5分），大部分正确（3分），不正确（0分）	
	能想到用循环结构表示打擂台的过程	能（5分），不能（0分）	
	能考虑到"0次锻炼"的特殊性	能（5分），不能（0分）	
设计算法	用流程图正确表示"求最长里程数"问题	完全正确（5分），大部分正确（3分），不正确（0分）	
	用流程图正确表示数据传输形成原始数据列表的过程	完全正确（5分），大部分正确（3分），不正确（0分）	
	用流程图描述算法时是否独立完成	完全是（5分），需要他人帮助（2分），完全不是（0分）	
编程与调试	用Python程序解决了问题	已解决（5分），部分解决（3分），没解决（0分）	
	是快速地解决了问题	是（5分），否（0分）	
	编写的程序出现错误时，是否能找到原因，并解决	自己独立完成（5分），需要他人帮助（3分），不能（0分）	
	在解决问题的过程中有没有对算法或程序进行过优化	有（5分），没有（0分）	

第二部分：简答题（20分）

解决这个问题过程中，你学习了哪些新概念？这些新概念有哪些关键点？

_____。

3.4 基于问题解决的中小学信息技术单元课时分解方法

基于问题解决的单元课时分解应以问题解决为线索，结合实际课时安排，在每节课中解决若干子问题，完成若干层层递进的子任务，最终完成单元任务。课时安排可以不拘泥于传统的以每节课为单位，而是可以以解决问题的进度为单位来安排课时。

小学阶段，学生在单元每课时的学习中，通过对子问题的解决方法的实践操作及验证，可以得到制作电子小报的一般流程及方案。通过解决问题链不仅完成了如何设计并制作电子小报的问题，更是在整个项目活动的过程中获得了运用计算思维解决问题的六个阶段的经历和感悟。以"走近人工智能电子小报制作"单元为例，单元课时分配如表 3-20 所示。

表 3-20 "走近人工智能电子小报制作"单元课时分配表

课时分配	学习主题	学习内容	学习成果
1. 开始做小报啦（1课时）	理解主题制定计划	◆ 了解项目活动主题及活动目标 ◆ 指导电脑小报组成要素 ◆ 理解小报制作流程，制定项目制作计划	电脑小报制作流程图及计划
2. 设计小报（1课时）	确定主题规划作品	◆ 学会用网络浏览器浏览网页 ◆ 制定小报制作活动评价标准	小报制作评价标准
3. 认识文字处理软件（1课时）	确定软件认识界面	◆ 认识文字处理软件界面 ◆ 新建文档保存	新建文档，输入基本信息

(续表)

课时分配	学习主题	学习内容	学习成果
4. 编辑文件（1课时）	编辑文档走近人工智能	◆ 在 word 中输入字符 ◆ 初步了解人工智能	制作"项目倡议书"
5. 编排文稿（1课时）	编排文稿认识人工智能三要素	◆ 设置格式 ◆ 知道人工智能三要素	为"人工智能三要素"文章添加标题、设置格式
6. 准备资料（1课时）	搜集信息	◆ 搜索引擎的使用 ◆ 运用关键字和分类搜索查找相关信息	查找"人工智能"相关主题信息
7. 准备资料（1课时）	保存资料	◆ 保存文字、图片 ◆ 建立标准分类整理	分类管理收集到的信息
8. 小报制作——醒目的标题（1课时）	制作报头	◆ 设置页面 ◆ 插入艺术字和文本框	制作报头
9. 小报制作——插入图片（1课时）	制作栏目	◆ 知道小报的栏目组成 ◆ 设置形状和图片格式	制作栏目
10. 完成制作（1课时）	修改校对整体美化	◆ 设置页面边框 ◆ 排版校对	修改完成小报
11. 交流小结（1课时）	展示作品评价改进	◆ 展示小报进行介绍	完成评价表完善小报

以初中阶段的图形化编程单元为例，单元设计的课时分解如表3-21所示。

表3-21 图形化编程单元的课时分解表

项目任务	解决的问题	涉及的新知识	课时
明确问题	1. 了解将要设计实现的"赛车游戏"所要设计的场景、角色及规则	熟悉图像化编程软件的基本用法	0.5
设计所需角色	2. 赛车角色的设计制作、"终点线"角色等的制作	学会角色的绘制，理解矢量图和位图的区别	0.5
添加背景造型	3. 添加赛车场背景以及三个路线背景的绘制	理解背景造型的含义以及添加方法	0.5

(续表)

项目任务	解决的问题	涉及的新知识	课时
设计赛车脚本	4. 设置赛车脚本：设置赛车生命值的变量、键盘控制赛车的脚本、犯规脚本、到达终点的脚本、失败脚本	理解程序设计中的分支结构、循环结构，学会使用图形化编程实现脚本编写	2
设计其他角色脚本	5. "开始按钮" "终点" "成功标志"和"失败标志"等角色通过脚本实现广播、按需显示和隐藏等功能	理解程序中开始和结束的方法、背景切换的方法、程序的整体规划方法	1
交流评价	互相评价各组游戏，进行打分		0.5

高中阶段《必修1数据与计算模块》"第二章 算法与程序实现"单元的课时分解如表3-22所示。

表3-22 "第二单元 算法与程序实现"单元设计课时分解表

项目任务	解决的问题	涉及的新知识	课时
明确问题	1. 了解将要设计实现的"学生健康体质管理"软件系统的组成、具体模块及功能，并用思维导图制作成三层结构图	系统、软件、程序、模块	0.5
实现注册模块功能	2. 实现注册模块，形成账号，获取使用者的个人信息，包括昵称、手机号、性别、年龄等，并将数据显示出来	编程解决问题的过程 算法的概念 程序设计语言基本知识 Python语言基础（数据类型、常量、变量与赋值），Python中的输入、输出及赋值语句 数据类型转换函数	1.5
实现体质监测模块功能	3. 监测使用者的健康状况，获取体重与身高的数据，计算出BMI的值	算法的特征 算法的描述方法 算法的基本结构（顺序结构） Python语言基础（算术运算符）	1
	4. 根据已计算得到的BMI值，确定BMI健康分类	算法的基本控制结构（分支结构） Python语言基础（关系运算符、逻辑运算符） 分支结构的Python实现	2

(续表)

项目任务	解决的问题	涉及的新知识	课时
实现统计模块功能	5. 统计运动期间内使用者的运动（走路）数据，显示相关的数据信息	算法的基本控制结构（循环结构） 循环结构的 Python 实现——while 语句 列表的含义及应用	2
	6. 统计运动期间内使用者运动（走路）的总里程数、（以2周为计）日均里程数以及本周与前周总里程数的差值	特殊变量：累加器与计数器 循环结构的 Python 实现——for 语句 字符串与列表类型数据的通用操作	3
	7. 根据实际锻炼情况，统计运动期间使用者运动（走路）的最长里程数	擂台法 嵌套结构的实现 循环结构的 Python 语句——while 语句与 for 语句的区别	3
	8. 统计运动期间内使用者运动低于预设值的次数，并显示相应的日期与运动数据	枚举法	1

第4章 体验与凝练：基于计算思维培养的中小学信息技术教学策略[①]

所谓教学策略，是指为了达到特定的教学目的，最大教学效益，教师依据教学规律、教学原则等采取的一系列教学行为或教学活动。教学策略主要包括在教学过程中对教师的教和学生的学的监控和调节。

教学策略具有综合性、可操作性和灵活性的特征。教学策略的综合性是指选择或制定教学策略必须综合考虑教学方法、步骤、媒体和组织等要素，并准备不同的预案。教学策略的可操作性指教学策略是可以供教师在教学中参照执行的可操作的具体方案，而非抽象、笼统的原则或教学模式。教学策略的灵活性指根据不同的教学目标、任务和内容，参考学生的具体情况，选择最适合的教学方法、教学媒介等，使得教学活动顺利进行，实现教学目标[②]。

随着新教材的全面投入使用，过去的教学策略不能简单地应用于新教材的教学中。我们需要将教师讲得津津有味，学生听得聚精会神

[①] 本章由上海市敬业中学周智敏、上海市大同中学蔡蓓蓓、上海市实验小学丁勇合作撰写，周智敏统稿。高中学段相关内容及案例由周智敏撰写，初中学段相关内容及案例由蔡蓓蓓撰写，小学学段相关内容及案例由丁勇撰写。

[②] 喻平：《论教学策略》，载《现代教育论丛》2000 年第 5 期，第 29-31 页。

的传统优质课堂转变为学生活动得津津有味，教师支持得准确到位的面向核心素养的课堂。众多学者都依托信息技术课程来探索培养计算思维的教学策略，提出的教学策略存在共性，如强调情境、问题、实践等。行动研究法是中小学教师常用的一种研究方法，教师通过教学实践，将行动与研究相结合，运用教育理论去研究和解决教育实践中的具体问题，从而提高教育教学质量以及教师自身专业化水平的一种研究活动。

本章在小学、初中、高中三个学段中分别运用行动研究法，在分析了课程标准中关于"计算思维"内容的基础上，从教学案例出发，梳理在教学过程中出现的问题，对应这些问题提出有效的解决办法，遵循"设计—实施—总结—反思—优化—完善"的操作步骤，重点凸显计算思维在信息技术课堂中的培养发展，在实践中汲取经验，不断探索更优的教学策略。

4.1 课程标准中关于"计算思维"的分析

4.1.1 《义务教育信息科技课程标准》中（1—5年级）关于"计算思维"的分析

《义务教育信息科技课程标准》对信息科技学科教学的课程性质、课程理念与设计思路、核心素养与课程目标、课程内容、学业质量、课程实施几个方面进行了解释。计算思维是义务教育阶段信息科技课程核心素养中的四个核心要素之一，它是指个体运用计算机科学领域的思想方法，在问题解决过程中产生的一系列思维活动，具备计算思维素养的学生，能够对问题进行抽象、分解、建模以及形成解决方案，尝试模拟、仿真、验证解决问题的过程，反思、优化解决问题的方案，并将其迁移运用于解决其他问题。

上海地区义务教育采用的是五四学制，小学阶段一至五年级涉及的是前三个学段，课程内容分别是：第一学段"信息交流与分享""信息隐私与安全"；第二学段"在线学习与生活""数据与编码"；第三学段"身边的算法""过程与控制"。

其中，各个学段"计算思维"的特征及能力目标如下：

第一学段（1—2年级），喜欢发现问题，愿意用语言描述简单的问题，对于给定的简单任务，能分析任务实施的主要步骤，并用图示的方式表示任务实施的基本过程，在简单问题解决过程中，能够有意识地把问题划分为多个可解决的小问题。

第二学段（3—4年级），能够初步使用合适的数字设备解决简单的实际问题，能将问题拆解为可处理的多个子问题，通过问题分解实现过程控制，并能认识到不同方法对解决问题效率的影响。初步了解数据与信息的关联，能通过典型的应用实例了解编码在信息社会的重要价值，能够根据具体应用场景，选择数字、文字等符号编码表示简单的信息，了解编码长度与所包含信息量之间的关系，知道编码的目的是作为唯一标识、建立信息间的内在联系，以便计算机识别和准确管理。

第三学段（5年级），能结合生活和学习情境，用规划思维设计、解决问题，能将较大的问题分解成若干个小问题，能分步分析与解决问题，并用自然语言、流程图或思维导图等表达问题解决的路径和算法思路，使用顺序、分支、循环 3 种方式简单描述实施过程，其复杂程度不超过单循环和一个条件语句的组合。通过生活中的实例，认识到计算机的计算和数学的差异，体验算法的特征和效率，知道解决同一问题可能会有多种方法，不同解决问题的方法会存在不同的效率，学会根据实际情况，选择较为合理和有效的方法解决问题，能使用模块化程序设计工具验证实施过程。

4.1.2 《义务教育信息科技课程标准》中（6—9 年级）关于"计算思维"的分析

在《义务教育信息科技课程标准》中从核心素养内涵及构成、学段特征、学段目标、课程总目标、学段质量标准等多维度对核心素养之一的计算思维进行详细阐述。计算思维是指个体运用计算机科学领域的思想方法，在问题解决过程中产生的一系列思维活动。具备该素养的学生，能够对问题进行抽象、分解、建模以及形成解决方案，尝试模拟、仿真、验证解决问题的过程，反思、优化解决问题的方案，并将其迁移运用于解决其他问题。由于义务教育横跨小学初中九个年级，学生的思维发展变化也特别大，因此在《义务教育信息科技课程标准》中，将义务教育的九年按照六三学制划分为四个学段：第一学段为1—2 年级、第二学段为 3—4 年级、第三学段为 5—6 年级、第四学段为 7—9 年级。上海采用的是五四学制，初中阶段涉及的是第三学段"身边的算法""过程与控制"及第四学段"互联网与创新""物联网与探究"的课程内容。在《课程标准》中明确阐述了根据课程内容对于所需达到的计算思维素养的目标，主要体现在用算法解决问题、了解互联网的应用、搭建应用或原型系统、了解互联网原理、了解人工智能的过程中，学生在"做中学"与"创中学"了解数据、算法、网络、信息处理、信息安全、人工智能等学科概念，培养计算思维，用计算机学科的方法分析问题、解决问题。

4.1.3 《普通高中信息技术课程标准》中关于"计算思维"的分析

《普通高中信息技术课程标准（2017年版，2020年修订）》中明确指出作为高中信息技术学科核心素养之一的"计算思维"的内涵是"在信息活动中，能够采用计算机科学领域的思想方法界定问题、抽象特征、建立结构模型、合理组织数据；通过判断、分析与综合各种信息资源，运用合理的算法形成解决问题的方案；总结利用计算机解决问题的过程与方法，并迁移到与之相关的其他问题解决中"。具体表现为：解决问题过程中的形式化、模型化、自动化和系统化。课程标准中将高中信息技术学生计算思维素养划分成了4个水平，如表4-1所示。

表4-1 课程标准中计算思维素养的水平划分

预备级	(1) 在日常生活中，认识数字化表示信息的优势。 (2) 针对给定的简单任务，能够识别主要特征，并用流程图画出完成任务的关键过程。 (3) 了解对信息进行加工处理的价值、过程和工具，并能够根据需求选择适当的工具。
水平1	(1) 针对给定的任务进行需求分析，明确需要解决的关键问题。 (2) 能提取问题的基本特征，进行抽象处理，并用形式化的方法表述问题。 (3) 运用基本算法设计解决问题的方案，能使用编程语言或其他数字化工具实现这一方案。 (4) 按照问题解决方案，选用适当的数字化工具或方法获取、组织、分析数据，并能迁移到其他相关问题的解决过程中。

(续表)

水平2	(1) 针对较为复杂的任务，能运用形式化方法描述问题，并采用模块化和系统化方法设计解决问题的方案。 (2) 正确区分问题解决中涉及的各种数据，并采用适当的数据类型表示。 (3) 针对不同模块，设计或选择合适的算法，利用编程语言或其他数字化工具实现各模块功能。 (4) 利用适当的开发平台整合各模块功能，实现整体解决方案。
水平3	(1) 对基于信息技术的问题解决方案，能够依据信息系统设计的普遍原则进行较全面的评估，并采用恰当的方法迭代优化解决方案。 (2) 能把利用信息技术解决问题的过程迁移到学习和生活的其他相关问题的解决过程中。

在高中新课程标准颁布之后，作为信息技术学科核心素养之一的计算思维空前地得到了高度关注，信息技术课堂可以说是我国基础教育阶段培养学生计算思维的主阵地。在高中信息技术教学中，不仅要重视基础知识与操作技能的教学，更重要的是发展培养学生的计算思维，使学生在解决真实问题时，能运用信息技术学科的知识与方法去分析问题、设计解决方案直至问题的解决。计算思维不仅仅是解决问题的能力，它也是在使用计算机解决问题的过程中形成的一种思维方式，是一种分析性思维，也是一种批判性思维、创造性思维。①

高一学生的年龄基本处于 15 至 16 周岁，他们的思维发展已进入形式运算阶段，属于最高层次，已经知道知识是不确定的，能够运用抽象思维，提取事物特征，提出合理的假设并验证，了解事物的发展存在多种的可能性。② 学生在获取知识的来源途径上更加多元化，自己开始有独立自主学习的意识，突破权威，能够对不同的观点在不同

---

① 熊璋,李锋:《信息时代 信息素养》,人民教育出版社 2019 年版。
② 张福全:《简明西方心理学史》,北京师范大学出版社 2012 年版。

的条件下进行分析、比较和评价，即开始逐步形成从"认识怀疑"，到"认识选择"，最终得出"解决策略"的认识模型。但往往将不同的问题或事物看成相互独立的个体，缺乏将其联系在一起，找寻出其中的规律和共性的能力，因而无法得到有效的经验和科学的总结。因此，教学策略的选择以及呈现形式，需要与学生的认识层次、思维发展的阶段相吻合。

4.2 策略一：情境创设，激发兴趣

从个人建构主义的角度来看，学习是个体自己建构知识的过程；从社会建构主义的角度来看，促进知识与认知结构缩小的第一要素是情境。教学情境是以显性直观地方式再现教学内容所呈现的实际事物与其相关的背景。在教学实践中，教师应根据教学目标、要求和内容，创设一种适合学生产生一定情感反应的，能够使其主动学习的，具有学习背景、活动条件的学习环境。通过情境创设，可以使学生在学习中产生情感共鸣，增强实践体验，激发学习兴趣，指引学生遵循知识产生的规律去准确理解学习内容。

情境创设，既包括教师设计情境的故事情节与问题，也包括教师引导学生共同解决问题，即通过师生对话，共同思考，共同探求，共同解决问题，共同获得知识。在基于问题解决的计算思维培养教学实践中，教师创设教学情境，以达到帮助学生完成学科知识的学习并发展计算思维的目标。针对教师创设的情境，学生以待解决的问题为思维目标，基于已掌握的学科知识与方法，从情境中抽象出相关的要

素，或者是自动化运行的对象，或者是自动执行的操作步骤，并且能用形式化的方法准确表达。

4.2.1 创设生活情境（小学）

创设情境是为了通过情境导入使得学生的注意力更好地集中到课堂中来，随着课堂情境的设置，配合其他教学手段例如任务驱动法等，顺利地完成课堂任务，从而有效达成课堂教学目标。将生活作为情境构建的切入点，将项目知识内容与学生生活实际情境进行对接。

教学案例

上海市实验小学是一所全国知名的百年老校，我们以此为基础设计了"走进实小"的主题内容，并针对这个主题进行项目学习。其中有个项目是"走进实小——制作数字作品"，要求学生给远道而来的嘉宾做一次学校介绍，并且要使用不同的数字作品。学生们在这样的一个情境中，首先认识到自己是学校的小主人，这样给客人做介绍，内驱力就自然得到了提升。然后要思考其主要步骤：第一步，拿到项目后，先要学会分解任务，将制作数字作品的任务分解成若干个小任务，再确定主题、分配任务、选择软件等。第二步，寻找任务之间相同的模式，并用数字作品的形式体现。第三步，用抽象的方式制作任务的规划表，以解决花多久时间、每个阶段谁来做、做什么内容等问题。第四步，利用算法的意识，找到相应的工具来完成这个任务。"走进实小"主题大项目分成了四个小项目，通过四次任务的训练，教师要不断引导学生利用计算思维的方式完成任务，从而将计算思维渗透到信息技术课的教学之中，培养学生计算思维的能力和素养。

4.2.2 创设真实情境（初中）

根据《义务教育信息科技课程标准》中的第四学段 7—9 年级"跨学科实践"中的"向世界介绍我的学校"所阐述的课程内容，要求能"通过编写学校互联网百科词条、撰写学校美篇文章、拍摄学校创意短视频、创建运维学校社交平台、发布学校 HTML5 页面等多种方式，综合运用语文、英语、艺术等学科，充满创意地完成该学习活动任务"。这一内容的实施依托于项目化学习，而项目化学习是基于情境的，在情境设计时，要结合学生的实际学习与生活，以问题为导向，避免是为了学习某个技能知识而设计了相应的活动；而在生活中遇到相似问题，大家一般也会采用更为快速便捷、更符合逻辑、指向问题解决的方法达到相应的目的。

采用创设真实情境的策略，基于以下两点考虑。首先，初中生的思维更灵活。除了关心"我是谁？""我该怎么做？"之外，他们更关心"世界是什么样子的？""世界为什么会这样？"，对世界的好奇驱使他们思维更为活跃。他们会对于一些事件、现象从不同角度提出问题，积极寻求不同的高效、优质的解题方法和结果，他们的思维逐渐开始不受具体内容的局限[1]。其次，情境认知观[2]认为在情境中更有易于知识的记忆、建构与迁移，而真实的情境更有沉浸感，更能激发学生的学习动力。因此，创设真实的情景更能激发初中生的学习兴趣。

真实的情境必然是复杂的、综合的，蕴含多种要素、要素之间相

---

[1] 林崇德：《发展心理学》（第 3 版），人民教育出版社 2018 年版。
[2] 刘革，吴庆麟：《情境认知理论的三大流派及争论》，载《上海教育科研》2012 年第 1 期。

互作用的，但真实并不是指将生活中复杂繁琐的情况直接搬至课堂，也不应该脱离学生的学习生活与学习经验，而是提取真实生活情境中指向信息科技学科的关键要素，在课堂中组织重构后创建，使学生能用已掌握的知识与技能这把钥匙去开启真实世界的那扇门，通过这样的联系，学生会逐渐意识到课堂上学习的意义与价值，并迁移到其他问题解决中去，培养真实的能力与学科素养。

在创设的情境考虑到真实性与综合性，可以将主要的情境分为两种，一种是基于学科核心知识学习的情境，学科既可以是信息科技本体学科，也可以是该学段其他学科的知识。一种是基于学生的校园学习生活的情境，如班队会活动、主题班会、艺术节、读书节、体育节等。

教学案例

跨学科实践单元中可以将学校的运动会体育节作为主题创设情境，要求学生从个人的角度，设计一个小主题，记录运动会。教师引导学生策划记录方案，通过照相机、摄像机、手机等多种信息工具记录、加工、处理信息，理解信息技术处理工具——计算机处理信息的原理，使用信息技术的方法，从数据中关注学校、他人、自我，发现并记录生活中的美、同学友谊之美、师生之情的美、奋力拼搏的体育精神的美，这些都是真实的情境下才能记录、创作、表达的。策划方案、确立拍摄剧本、整理数据、处理音视频、创作作品、输出发布，学生在实践过程其实始终都在思考并实践如何用信息科技学科的知识与方法创作作品。

除此之外，还有很多其他的真实生活片断可以用来创设类似情境。如：道德与法治学科老师会要求同学们在课前演讲，时长 3—5 分钟，需要准备时政新闻的电子演示文稿，文字简洁醒目、图文并茂、生动详实，可配有动画和视频。艺术、科学等学科则会要求同学制作电子文档，介绍其中的一个学科知识点，如人体结构、人的五官等。这与学生的学习、生活、与他们所处的世界紧密相关，学生可以选择自己感兴趣的知识、学科概念获取信息、组织整理，并在课堂上表达分享。这种情境项目给学生提供了真实的实践机会，激发学生的学习动力，引导学生在真实世界的复杂环境下，综合使用所学的知识与技能解决问题，从而培养学生的计算思维。

4.2.3　创设单元项目教学情境（高中）

大部分信息技术教师都有此体会，教给学生一门知识或技能较为容易，但教会他们某种思维难度较大，对此可采用创设单元项目教学情境的教学策略，营造一种在"做中学""创中学"的课堂模式，在传授理论知识的同时，培养学生独立分析、思考和解决问题的能力。

课程标准提出"以项目整合课堂教学"。项目的设计，首先要有真实情景。真实情景的创设说起来容易做起来难。比如，课程中涉及的很多问题是科学家才能解决的，中学生几乎是不可能完成的。这就需要我们教师剥离无关细节，提取教材中的重点内容，凸显情景要素，帮助学生在情境中发现、分析、解决问题。因此，项目情境的设计就十分关键了。教师应根据章节的教学重点和难点，引入生活中真实的案例和问题，并寻找解决之办法。这样不仅可以让学生在知识方面达到教学目标，而且能够培养学生的思维能力，培养他们对信息技术思想方法的理解，即计算思维。

教学案例

"恺撒加密"——"算法与程序实现"

"算法与程序设计"单元一直是高中信息技术教学的重点和难点,无论是新教材必修1中的第二章"算法与程序实现",还是老教材中完整的第二册。虽然"计算思维"不仅仅局限于"算法"与"程序"之中,但是无法否认在高中信息技术课程中培养学生计算思维的最佳渠道就是"算法"与"程序"。

在"算法与程序设计"的教学中,往往存在两个突出的问题。第一,知识点多而碎,没有一条主线将其串联起来;第二,学生手工绘制流程图耗时长,修改难,设计思路不易展现。针对第一个问题,我们研究发现采用创设项目问题情境的策略,可以有效地解决。(第二个问题将采用策略三予以解决。)

基于"双新"的教改理念,在开展新教材必修1第二章"算法与程序实现"的教学中,创设了"恺撒加密"单元项目教学情境。整个"恺撒加密"单元项目教学情境共含有有6个基础子任务和1个拓展子任务,10—12课时完成,涵盖了将新教材必修1第二章中的绝大部分知识点,如表4-2所示。每一个子任务遵循基于编程解决问题的四个过程(抽象与建模—设计算法—编写程序—调试运行)开展教学活动。

表4-2 "恺撒加密"单元项目

序号	子任务	计划课时	备注
1	初识体验恺撒加密	1-2	
2	单个大写字母恺撒加密算法实现	1-2	

(续表)

序号	子任务	计划课时	备注
3	单字符恺撒加密算法实现	1	
4	一串字符恺撒加密算法实现	2-3	
5	一串字符任意偏移量的恺撒加密算法实现	1	拓展
6	恺撒解密算法实现	1	
7	解密擂台赛	2	

◎ 教学案例

Rescue Line——"开源硬件项目设计"

"开源硬件项目设计"是高中信息技术选择性必修六的内容，结合相关教学内容，教师创设了 Rescue Line 单元项目教学情境。Rescue Line 意为循迹救援，情境为在一次救援任务中，由于救援人员无法到达救援现场，需要有一个能自主控制的智能设备，沿着指定轨迹进入救援现场，实现营救伤员的任务。在整个过程中，要解决诸多问题，实现多个子任务。

教师引导学生设计并拼装了智能小车，其主要部件有 Arduino Mega 2560 主控板、电机、电机驱动、LED 灯、四路巡线传感器、RGB 颜色传感器、触碰传感器、8×8 矩阵显示屏、按钮、开关、电池组等，如图 4-1 所示。通过实现各个子任务来使学生习得开

图 4-1 智能小车

源硬件及各种传感器的知识。

教师将解决方案进行了梳理和编排，融入了开源硬件设计和算法与程序实现的相关知识和技能。经过一个学年的教学实践，已初步形成了基于开源硬件 Arduino 的 Rescue Line 单元项目，如表 4-3 所示。以情景教学的形式呈现系列课程，使学生能切身体验到硬件与软件的完美融合，享受解决真实问题、完成项目任务的成就感。

表 4-3 Rescue Line 单元项目

总任务	单元模块	子任务	主要教学内容	课时
RCJ 循迹救援（第一阶段）	小车初识	认识小车	智能小车（开源）硬件结构	0.5
		了解 Arduino	Arduino 编程开发环境	0.5
		点亮小车	硬件接线与数字接口	1
	小车运动	直线前进	巡线原理与分支结构	1
		直角转弯	转弯原理与循环结构	1
		曲线前进	阶段项目测试一	2
	小车避障	识别障碍	触碰原理与状态探究	1
		绕过障碍	小车运动综合	1
	小车识色	识色原理	RGB230 颜色传感器简介	1
		识色实践	识色区分	1
		识色运动	路口识色辨方向	1
	挑战任务	综合运动	阶段项目测试二	3

4.3 策略二：问题驱动，引发思考

问题驱动是以学生为主体、以相关学科内的各种问题为学习起点，

以问题为核心进而规划学习内容，促使学生引发思考，围绕问题寻求解决方案的一种教学策略。教师的角色是问题的提出者、课程的设计者以及结果的评估者。问题驱动能够提高学生学习的主动性，提高学生在教学过程中的参与程度，容易激起学生的求知欲，活跃其思维。

问题驱动的核心是"问题设计"，设计的问题应具备以下四个特征，如图4-2所示。第一，指向性：目标清晰明确，以问题驱动为引入，以问题解决为核心；第二，真实性：源自现实生活中的真实问题；第三，学科性：与信息技术相关联，有利于发展学生运用计算思维来解决问题。第四，适应性：问题不应过难或过易，应面向全体学生，可以设计成"问题链"，由浅入深。

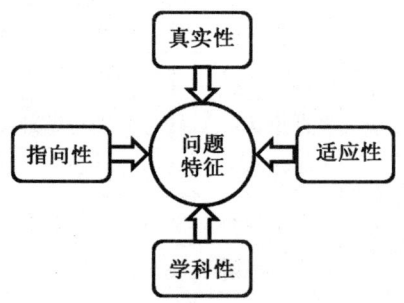

图 4-2　问题的四个特征

采用问题驱动的教学策略，将教学目标转化为"问题"，课堂教学活动以问题为基点，引导学生历经"发现问题—提出问题—分析问题—解决问题"这一完整的过程，并在此过程中逐渐建构学科知识体系，在追"本"溯"源"中培养学生的学科核心素养。

4.3.1　基于问题驱动的教学（小学）

建构主义认为：学生的学习过程不是孤立存在的，而是和学习者的文化背景息息相关的,也就是所谓的情境相通。学生在老师给出的情境中归纳问题,教师在提出这个情境时可以结合更加形象生动的图片和问题,来激发学生对于这个情景的探索乐趣。

◎ 教学案例

在猜数字课例中,老师提出这样一个游戏:让小动物在 0 到 99 中猜出正确的数字,然后由学生思考怎样去实现这样一个小游戏,学生可能会想,小动物每猜出一个数字就会有回应,这个回应是不是可以帮助到其他小动物接下来猜数字,或者说缩小范围,以便更快地猜出数字。在这个情境中,引出问题:"怎样快速猜到数字?""小动物猜到数字后得到什么反应?"由学生尝试解决这些问题,也能提升学生的计算思维力。

在猜数字的课例中,学生会想到,当小动物说出 0 到 99 中的某一个数字后,如果不是正确数字,那么它一定是大于正确数字或小于正确数字,这个时候我们就可以出示相关提示,以便小动物更快地找到数字。老师通过猜数字这个活动使学生体会到了设计游戏过程中所运用的逻辑思维,也能进一步分析问题。

在有趣的情境中逐步明确问题。在猜数字课例中,if 语句可以对小动物猜测的数字进行判断:如果大于真实数字,则显示"大了";如果小于真实数字则显示"小了",这里完成了整个游戏中最重要的一个环节。

在上个环节中学生知道了每猜一次数字都需要判定一次,按照常例一般不会只判定一次就出正确答案,所以我们设计的程序最终是让小动物猜到正确答案,为了使设计的程序更加自动化,这里可以提出循环执行,在前面的课程中学生已经尝试过这个语句,在这里老师要做的只是进一步提醒。

在设计一个小游戏的过程中会有各种实现路径，可以让学生继续尝试其他路径，这些路径有对有错，可以让学生筛选出可以行得通的方法，然后在所有行得通的路径中选出最优方案。"猜数字"课例中，如果我们不给范围，只是让参与者盲目去试，参与者可能需要猜测很多次才能得到答案；我们给予猜测者提示，猜测者能很快缩小范围，猜出数字，有更好的体验感。

首先提出多种方案，然后尝试不同方案，最后选出最优方案。这种思路不仅局限于完成某一个作品，重要的是让学生理解这种解决问题的思路，能够迁移到今后的其他作品中。

4.3.2 设置驱动性问题（初中）

问题是人在学习中的一个重要环节，巴罗斯和坦布林说过："知识的获得源于对问题的认识和解决的过程。学习开始时遇到问题，问题本身推动了解决问题和推理技能，同时也激发了学生自己查找信息、学习关于此问题的知识和结构以及解决问题的方法"。在《课程标准》中，对于计算思维的描述也是围绕着问题的，因此如何设置好问题，就成为培养计算思维的一个关键要素。

从初中阶段学生的认知发展特点来看，随着心理和智力的不断发展和成熟，学习经验的不断积累，初中阶段学生的认知深度和广度随之扩大，思维更开阔，他们会带着质疑的态度去学习，从正反两方面辩证地认识问题，在学习实践中能剔除不合逻辑的部分，让解决问题的结论更客观、更符合实际[1]。

---

[1] 林崇德：《发展心理学》（第3版），人民教育出版社2018年版，第360-377页。

在情境创设阶段，提出的问题应该是一个"大"问题，是整个项目要解决的最终问题，而问题的解决方案是应该指向学科概念、核心知识，所有的任务、活动内容都围绕着这个问题，它可以将这一单元或者是教材中的知识、技能整合起来，是学习逻辑中的主线架构部分。问题的难度也需要充分考虑初中生的认知水平与学习经验。

在引导学生进行具体探究和实践的时候，就需要设计一系列具有趣味的、启发性的、富有挑战的问题；问题的设计也要有思维的深度和广度，提供给学生不同的角度和切入点；问题不涉及具体的知识细节，其中的提问方式可以供学生迁移到其他新的项目或者情境。问题也要根据学科和项目内容的特点做相应的变化，从而帮助引导学生进行有效的思考和积极的探索。

教学案例

在实现恺撒密码的算法学习中，学生通过前面章节的学习，初步了解了算法的基本概念、流程图描述算法的方法，掌握了图形化编程语言，学习使用了选择结构的if语句完善恺撒加密算法，并尝试编写程序解决了单个字符的恺撒加密问题（图4-3）。在本节课中要实现对某个单词（包含多个字符）的加密算法（表4-4）。

表4-4 教学过程设计

教学环节	教学内容	学生活动	设计意图
导入	师生互动：回顾上节课恺撒加密的算法设计和图形化编程语言的代码实现，复习选择结构的基本概念	知识回顾思考回答	通过师生互动，帮助同学回顾上节课的知识，复习选择结构的核心思想、流程图的表示

(续表)

教学环节	教学内容	学生活动	设计意图
活动1：认识循环结构	1. 问题：编程实现输入一组字符（长度为3），对该组字符进行偏移量为3的恺撒加密并输出。 2. 与学生一起学习循环结构。 　1) 循环结构的特点与组成要素； 　2) 了解循环变量的概念、作用及用法； 　3) 循环图形模块的基本格式。 3. 实践探究：使用循环图形模块实现重复的功能。 4. 教师巡视，就出现的问题及时进行引导、讲解。 5. 拓展问题：如果需要加密的字符串长度为5呢？	探究思考 分享交流 思考聆听 实践应用	引导同学独立思考，积极探索。 学习循环结构的特点，了解循环结构的基本构成。 掌握循环的图形模块使用方法。 掌握循环变量的基本用法。

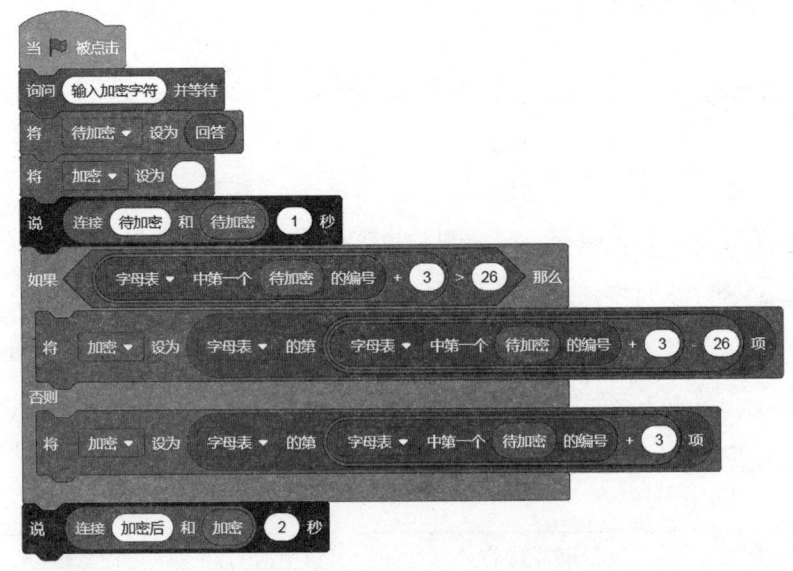

图 4-3　单个字符的恺撒加密算法

教师在教学过程中是通过讲授法来讲循环结构的概念、特点和应用，学生从选择结构的学习跳跃至循环结构这一部分，两个知识点之间没有逻辑推演的思维过程，学生也不可能通过探索建构自己的知识体系。学生对于如何解决"实现输入一组字符（长度为3），对该组字符进行偏移量为3的恺撒加密并输出"这一问题可能有一定的困难。

因此需要设置驱动性的问题，从学生的已有经验出发，引导和鼓励用掌握的认知体系去创新地解决问题，通过问题链给予学生以引导和提示。

提问1：一个字符加密的程序块如图4-4所示，用这些程序块对单词"hi"的进行恺撒加密如何实现？是否还有其他的方法？

提问2：如果实现"Computer"单词的加密呢？你会采用哪种方法，为什么？

提问3：不同单词的长度不同，重复单个字符程序模块的次数也就不同，那么需要修改哪些关键的部分确保程序对于不同的单词都能实现正确加密呢？什么是循环的初值、循环条件、步长？它们对循环结构的执行分别有哪些作用？

提问4：如何修改程序，实现对于特定位置的字符加密？

通过提问1这一问题，承上启下，"承上"即对前几节课学习的内容做一小结，明确程序块的功能是实现单一字符的恺撒加密，同时再次明确问题解决的目标是完成对于整段文字的加密任务。"启下"即提出本节课的任务问题：如何实现对单词的加密。学生可以通过运用代码模块的组合、修改、运行等方式实现单词加密。问题的解决方法有多种，并不唯一，学生可以通过小组的交流、网上搜索、查看帮助文档等多种方式拓展思考的广度，切换解决问题的角度，并将思考的过程通过语言呈现出来。

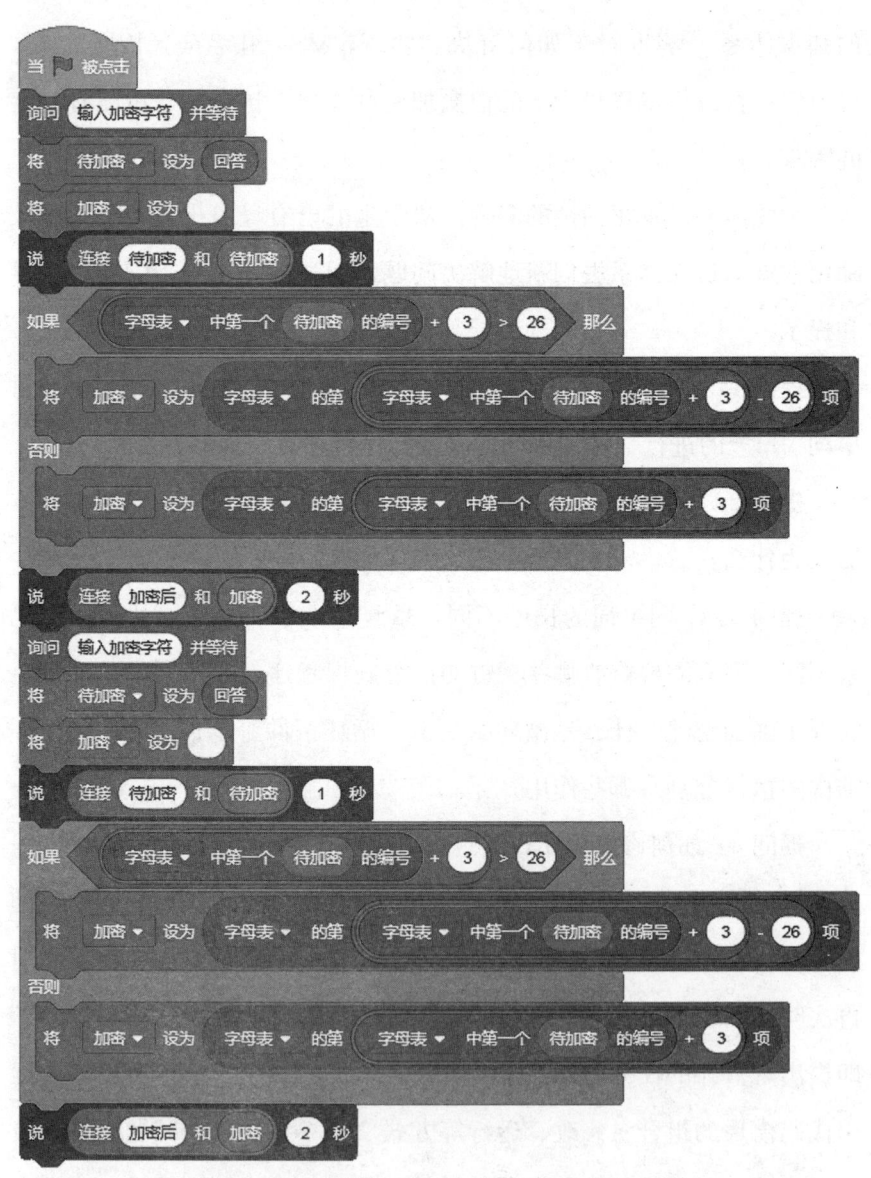

图 4-4 提问 1 中单词 "hi" 的恺撒加密程序模块

提问 2 为本节课的一个核心知识的引入过渡的部分,通过比较、分析、归纳等方法,指导学生衡量设计的方法是否具有通用性:对于任意单词都能进行恺撒加密;是否具有自动化;能让计算机的程序自动完成单词加密的任务,不需要设计程序的人员反复执行或修改;是否具有独创性设计的方法与其他同学设计的相比用的模块更少、使用了全新的程序模块等。除此之外,你还有什么其他的想法?通过这一系列问题让学生体验及理解从重复到循环结构的思维路径。在试图回答两个问题的过程中了解计算机是如何解决重复问题、体会计算机善于解决重复问题的特点。通过问题的方式提出,遵循学生认知的思维,让学生理解结构化、自动化程序的初步逻辑,感悟信息科技学科这一解决问题的独特方法。

提问 3 为本节课的核心知识,即为循环结构的要素。

提问 4 为对于循环结构的知识的迁移。

教师通过驱动问题来引导学生完成该环节有关循环结构的知识概念的学习。

又如,在"人工智能与智慧社会"单元的人工智能体验,项目主题为"为×××设计的智能小屋"(其中"×××"为智能小屋服务的主体),在明确主题以及设计需求后,落实到驱动问题中,首先可以先探究一下人工智能这个词的含义——智能小屋是为哪一类主体设计的,他(她/它)的特点是什么?有哪些需求?何谓"智能"?什么是人工智能?根据需求我们的智能小屋需要使用的技术有哪些,实现什么功能?核心问题是提供智能小屋的解决方案,学生就需要先从问题入手,对问题的关键词进行拆解、了解,对人工智能的概念、领域、应用及实现功能的具体技术搜索、学习、了解、实践,最终实现提供解决方案。学生探索时是按照一系列问题的指引学习相关的内容，并通过对数据、技术、原理进行调查、对比后进行分组、整合，从而理解人工智能这个学科概念。

4.3.3 以"问题链"层层推进（高中）

大部分教师在课堂教学伊始会通过问题驱动，激起兴趣，引发思考。但鉴于高中知识结构体系的特点，一个问题往往不足以整堂课的教学目标达成。因此，我们建议在高中阶段，将最终的教学目标分解成以"问题链"的形式予以呈现并逐个攻破。"问题链"即两个或两个以上垂直梯度上产生的一系列问题①。设计"问题链"一方面能聚焦单元核心，避免教师课堂设问的无效化、随意化，另一方面有利于引领后续的课堂实践探究活动。

通过设置层次难度水平递增的"问题链"，引导学生深度思考，培养学生分析、解决问题的能力。在进行"问题链"设计时，要根据学生已有的知识经验，由问题转化为任务。另外，还需综合考虑为"问题链"所创设的情境，使得问题驱动和情境创设相辅相成，相得益彰，更好地引导学生在解决问题时灵活运用计算思维方法自主找出各种关联的要素，培养学生独立思考和计算思维能力。

教学案例

单字符恺撒加密算法实现——多分支结构的算法设计

本案例为策略一中"恺撒加密"单元项目教学的第三个子任务目

---

① 洪勋：《基于问题驱动的学生计算机思维能力培养研究》，载《中国信息技术教育》2020年第20期，第43-44页。

标——单字符恺撒加密算法实现。本节课围绕"多分支结构"知识点出发，通过从虚拟学生小达提出的问题入手，让学生对程序进行试错，从发现问题，到分析问题，找出原因，再到设计问题的解决方案，最后编程实现问题的解决，学生体验了新教材中编程解决问题的四个过程。将新授的知识点融入解决问题的过程中，学生历经了从双分支结构，到多分支结构，再到优化多分支结构的三个阶段"问题链"的层层推进，如图4-5所示。

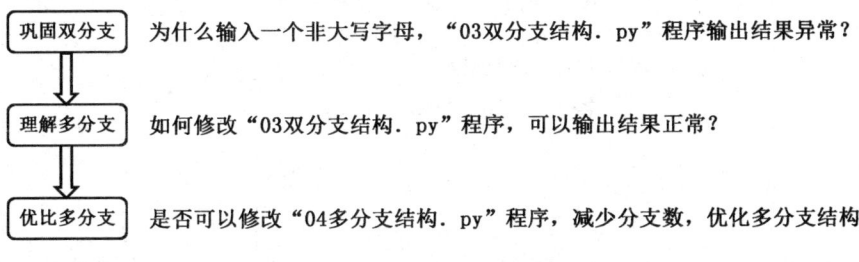

图4-5 单字符恺撒加密算法实现的"问题链"

通过"问题链"的解决来落实新课程标准中的核心素养——计算思维的发展培养，突出了抽象与建模在算法设计中的重要地位与作用。详细的教学流程设计如表4-5所示。

表4-5 单字符恺撒加密算法实现教学流程设计

教学环节	教师活动	学生活动	设计意图
课前准备	下发本节课资料（学生学习单，流程图搭建教具等）	阅读资料	课前预习
情景导入	通过虚拟学生与老师的对话，提出问题，分析问题，找出原因。明确本节课的任务目标：单字符的恺撒加密算法实现（大小写字母和无需加密字符）	调试运行试错程序思考原因回答问题	回顾项目巩固知识明确目标

(续表)

教学环节	教师活动	学生活动	设计意图
活动一	活动1-1：在上一节课已完成的算法流程图的基础上进行改进，尝试完成大写字母和无需加密字符的恺撒加密算法设计。 两个同学为一组，在白板上搭建出算法流程图。 教师巡视，指导学生，展示部分流程图	思考问题 搭建流程图 交流介绍	运用已学知识，尝试解决问题。在交流过程中，锻炼表达能力

	从学生搭建的流程图中，引出知识链接——多分支结构。从3种情况的多分支结构特例，引出n种情况的多分支结构，给予学生参考流程图，与教材中的代码相呼应。
	多分支结构流程图
	
	多分支结构 Python 代码
	　　if 条件表达式1:
	　　　　语句块1
	　　elif 条件表达式2:
	　　　　语句块2
	　　……
	　　else:
	　　　　语句块n
	活动1-2：完成"04多分支结构.py"的程序编写，运行调试并记录结果。
	强调：多分支结构代码的注意要点（缩进，冒号等）
	教师巡视，指导学生，展示部分代码
		聆听学习
		编写程序
		运行调试
		记录结果
		展示交流
			理解多分支结构的执行过程，学会多分支结构Python代码的编写，体验编程解决问题的过程与方法

(续表)

教学环节	教师活动	学生活动	设计意图
活动二	任务2-1：在前一流程图的基础上继续改进搭建，在实现大写字母和无需加密字符恺撒加密的同时，能够实现小写字母的加密。 两个同学为一组，在白板上搭建出算法流程图。 教师巡视，指导学生，展示部分流程图	思考问题 搭建流程图 交流介绍	检验学生对多分支结构的理解与运用
	从学生搭建的流程图中，引出知识链接二——逻辑运算符。 **Python语言的常见逻辑运算符** | 运算符	描述	实例
---	---	---
not	非	not (a==b)，如果a和b相等，则结果为假，否则结果为真
and	与	a and b，只有当a和b都为真时，结果才是真
or	或	a or b，只要a和b中有一个为真时，结果就为真 | 活动2-2：根据各组流程图，修改"04多分支结构.py"，并调试记录结果。 教师巡视，指导学生，展示部分代码	聆听学习 编写程序 运行调试 记录结果 展示交流	通过展示交流，相互学习，亲历从双分支结构的两种情况，到多分支结构的多种情况，再到同一计算模型的合并，减少分支数，发展学生的计算思维
课堂小结	从项目的阶段成果着手，首先回顾本节课的全过程：发现问题—分析原因—解决问题；其次，在算法设计过程中历经了：双分支结构—多分支结构—优化多分支结构的三个阶段；最后重点突出编程解决问题的四个过程：抽象与建模—设计算法—编写程序—调试运行	思考总结 聆听巩固	回顾整节课的任务达成，归纳概括本节课的算法设计过程，提升学生编程解决问题的能力

4.4 策略三：支架搭建，促进探究

在我们的单元项目教学中，除了情境创设，问题驱动之外，支架搭建也是常用的策略之一。成功的教学支架应该能激发学习者的学习动机，简化复杂的学习任务，提出任务目标，标出学习的中心点，保持积极的学习兴趣，并具有示范和反馈的作用。教学支架应该保证教师在教学过程中的主导地位和学习者的主体地位，让师生、生生站在同一起点上看待问题，提出见解。教学支架应该满足学习者对学习内容的需求，并且能够及时评价学习者的学习成果，它能鼓励学习者尝试新的知识和技能，保证学习者超越现有的认知水平。

教师应为学生提供必要的项目支架，可以包含项目的背景资料、学习资源、知识延伸等内容。项目支架的设计，首先要确定项目的教学目标，依据教学目标明确支架的结构与内容，尤其要针对教学重点与难点收集、整理、筛选合适的资源。在具体的表述过程中，需要对此项目支架适用的章节单元，资源类型、名称，目标有明确的描述。其次，项目支架的呈现要以科学和生动相结合的原则，体现知识的科学性与严谨性，避免给学生带来误解与肤浅的理解。要以学生认知特点和理解水平相匹配，对内容进行加工，要通俗易懂、生动有趣，激发和保持学生持久的兴趣和注意力，同时避免喧宾夺主。[1]

---

[1] 林伟，樊磊：《在高中信息技术课中培养学生计算思维的有效方法探讨》，载《新课程研究》2017年第10期。

4.4.1 提供学案，助力学习

学案是根据学生的认知水平与知识经验，并以学生的"学"为出发点，把学习目标、内容、要求和学习方法与探究方法等要素有机地融入学习过程之中而编写的一个引导和帮助学生自主学习、探究的方案。简言之，就是教师引导和帮助学生自主学习和探究的方案。小学生的学习案一般由教师设计，由学习内容、学习提示、学习过程、学习小结、学习评价等要素组成，并给学生的学习留出个性空间。

◎ 教学案例

以前在教授画图单元时候，一般课堂教学以 10 分钟教师讲，15 分钟学生画，10 分钟交流欣赏为基本过程，如果学生没有认真听，就会出现作品成功率不高，或者教师在中间巡视中重复指导的情况。

而在教授"轻松画花边"这一课时候，为了使学生可以自己绘制花边，通过自己学习，自己建构基本操作技能，笔者设计了学案。从要绘制花边出发，然后通过学案学习，自己完成解决方案，最后呈现创作作品（图 4-6）。

学生用的学案中"学一学"，有这样的表述：介绍一个神奇的工具。

之后教师用问题的方法，引导学生进行尝试：试用翻转和旋转工具处理图案（图 4-7），如果你能做到，请在括号里填"√"。

我会用水平翻转（ ）

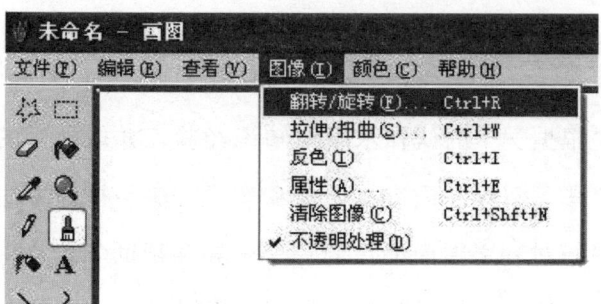

图 4-6

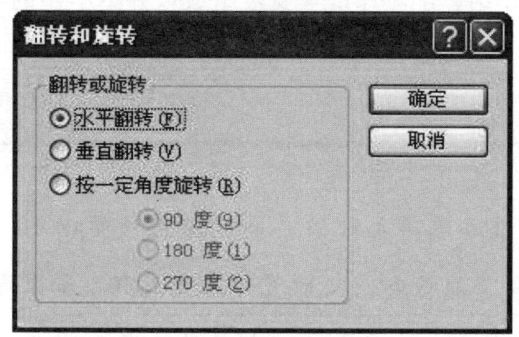

图 4-7

我会用垂直翻转（　）

我会用 90 度旋转（　）

我会用 180 度旋转（　）

我会用 270 度旋转（　）

学生按学习引导——尝试，再也没有往日的不知所措，也没有此起彼伏的重复性问题，其间也有学生提问，都是个性化的设想，与教材提供的方法不一样的创意。在进入课堂交流环节时，所有的学生都达到了教材的要求，半数学生进行了自主创作活动，一条条独具个性花边设计，让人赏心悦目，教师与学生都体验到了学习的快乐。

4.4.2 通过互动性强、形式多样的素材与技术工具搭建支架引入概念（初中）

概念、原理都是对于知识不断抽象，只有理解了概念，才能实现对于知识的真正理解与迁移，而从知识—主题—概念理解的过程，也是分析、抽象、模式化的过程，这一过程亦是计算思维形成的过程。[①]

教师可以根据项目的情境、项目的流程、学生先前的经验、学习情况、可接受程度，围绕其直观背景来合理构建相关素材形成学习支架，构建的过程结合概念本身的特点，通过提供不同类型的素材、工具帮助学生抽象知识、理解概念。常见的工具有可视化思维工具、音视频素材、智能硬件等。

教学案例：

在学习和生活中，学生接触了大量的算法的实例，而且在不同场合都已经不自觉地"实际使用"，通过身边"菜谱""乐谱"的事例引入算法概念，从具体的演奏音乐或烹调美食中抽象出算法的概念并认识其特点；再依据算法的概念和特点来设计一个具体的算法，进一步深化对概念的认知。

在这一部分的引入环节中，可以通过游戏的形式来激发学生的学习兴趣。教师准备七巧板的道具，请2个同学为一组完成游戏，一人蒙眼，一人看着题面用语言描述需要用七巧板中的哪些模块、放在什么位置、各个模块之间的位置关系，以达到在最短的时间内完成游戏的目的。

---

① 王荣良：《中小学计算思维教育实践》，上海科技教育出版社2019年版，第23—39页。

在接触游戏的初始阶段，学生要先了解游戏规则，抽象需要完成游戏的过程，讨论完成游戏的方法。在玩游戏的过程中，蒙眼的同学其实是一个类似机器人的角色，通过"传感器"耳朵接收指令，大脑进行计算、处理，并依据指令"输出"摆放七巧板模块。学生也可以小结玩游戏的技巧、优化方法和策略，从而达到快速完成游戏的目的。

在算法的引入阶段用角色扮演类、互动性强、可拓展的游戏，既能让学生快速理解算法的概念，也能区分并理解算法设计、算法执行的对象以及算法需要优化的目的。学生在游戏中抽象规则、设计步骤、执行检验算法并通过反馈进行优化的体验过程，是从具体游戏到抽象概念的过程，也是计算思维形成的过程。

初中阶段学生正处在逐渐从具体的形象思维向抽象思维进阶的过程[1]，对于相关概念的理解，教师可以和学生一起观察记录客观事实以及呈现出的现象，通过比较、推理、演绎抽象为主题，最终理解抽象的概念。如：在信息技术基础知识中的"计算机系统的组成"，这一部分知识点多而琐碎，可以通过主题活动"计算机推销员"进行。在营销上岗之前需要了解什么？先要了解你营销的商品，因此先要从外观上认识计算机及其外设配件，也认识这些硬件实物及其功能，知道这些部件直接的物理连接，最后以思维导图、销售海报等多种形式呈现出来。学生在经历整个活动后，将所有事实性的知识点进行重新建构整合，就能够相对清楚地理解这些专有名词、参数与真实的计算机硬件之间的联系，帮助学生掌握"计算机硬件"这个核心知识。利用可视化工具的方式搭建学习支架培养学生的计算思维。

---

[1] 林崇德:《发展心理学》(第3版)，人民教育出版社2018年版，第360-377页。

4.4.3 自制教具与速查手册（高中）

众所周知，在设计算法阶段，流程图是展现学生思维的最佳工具，但流程图往往受限于绘制时间长、修改难、展示不便等缺陷，没有发挥出其应有的效果。因此，在"恺撒加密"的单元项目中，教师采用了支架搭建的教学策略，自制了流程图绘制教具，在一定程度上可以改善上述的缺陷。流程图绘制教具，由磁性白板、磁条、空白流程图、内容已给定的流程图（供学生选择，根据每一节的教学内容作相应地调整）以及部分固定流程图等组成，让学生在白板上可以根据自己的思维，迅速做出调整，准确高效地描述出自己设计的算法。既避免了徒手绘制的不便，又直观形象地呈现了学生的思维，同时还提高了课堂效率，让学生更专注于去分析问题，把问题抽象化、模型化，设计计算模型，最终通过算法与程序来解决问题。支架的设计，首先要服务于教学目标，重点解决教学过程中产生的问题。在已迈入人工智能时代的当下，虽然流程图绘制教具看上去有些跟不上时代了，但其达到的教学效果确实显著的，在 2021 学年黄浦区中小学教师教学评选活动中，得到了专家评委的一致认可和好评。

在案例 Rescue Line——"开源硬件项目设计"中，采用了情境创设策略的同时，也使用支架搭建的教学策略。为避免过多底层编程和细节，使学生能够迅速便捷地写出对小车的控制程序，教师编写了基于此小车的底层库 BaseControl，如图 4-8 所示。其中包含一些基本方法如表 4-6 所示，学生只需在 Arduino IDE 中调用这些基本方法即可。指南与支架不应是知识点的"游乐场"，而是各种案例和资料的聚集地，要体现出因时制宜、因生制宜、内容丰富、可被学生理解接受的特点。通过在指南与支架中预设相关内容,关注在学习过程中学生的思维是否被调动,是否在预设的问题域中探索,使教师可以有效地引导学生对问题进行抽象与建模,为培养计算思维能力迈出重要的一步。[1]

```
class BaseControl
{
 public:
    float rightcoff;  //左右电机速度不匹配的调节参数,右侧电机的速度
    float gear;       //一个电机速度的缩放参数
    int MotorL[4];    //控制左侧电机正反转的两个PWM输出端口
    int MotorR[4];    //控制右侧电机正反转的两个PWM输出端口
    int  distConvert(int num);
    void moveBF(int speedN);
    void rotateL(int speedN);
    void rotateR(int speedN);
    void stopMotor();
    void brake(int time);
    void motorrun(int left_speed, int right_speed);
    void motorrunB(int left_speed, int right_speed);
    void back(int time);
    void one_step(int i);
    void one_step2(int i,int speedN);
```

图 4-8　智能小车底层 BaseControl 库（部分）

表 4-6　RCJ——Rescue Line 函数手册（部分）

函数名	参数	参数范围	作用
stopMotor（）	无		停车
motorrun（x, y）	x: 左轮速度 y: 右轮速度	-255 至 255	前进或后退
one_step（x）	x: 时间	x: 单位毫秒	直线前进 x 毫秒
rotateL（x）	x: 左转速度	-255 至 255	原地左转
rotateR（x）	x: 右转速度	-255 至 255	原地右转
back（x）	x: 时间	x: 单位毫秒	直线倒车

---

[1] 刘承林:《计算思维培养视角下高中 Python 课程教学模式研究》,山东师范大学学位论文,2019 年。

4.5 策略四：迁移运用，发展思维

众所周知，学习的最终目标并不是将知识经验存储于头脑中，而是要应用与各种不同的实际情境中，解决现实中的各种问题。要达成这一目标，可以采用迁移运用的策略。具体而言就是把习得的某一知识或技能的，能够顺利地运用到与这一种知识或技能相类似的其他领域中，从而产生连贯性的长期效果。如"温故而知新""举一反三""闻一知十""触类旁通""由此及彼"等。

知识技能的迁移运用是一个复杂的认识过程，受制于许多因素，自动发生的可能性较低。如何使迁移运用策略卓有成效地在课堂中展开呢？有研究表明，只有当学习者感到学习内容与其已有的认识有一定的冲突或空缺，要完成这样的学习任务既不会轻而易举，也不会高不可攀，进而有了填补空白、平息冲突的想法，才能使迁移运用策略达到事半功倍的效果。因此，在教学中教师可以选择难度适当的任务，在学生遇到困难是给予支持和积极反馈，并将所教内容与学生的生活和经验相联系，给学生分配或允许学生自己选择学习任务，增强学生对学习的价值感和兴趣。学生主动关联先前的学习经验与当前的学习内容，主动整合不同学科所学内容，主动运用课堂所学于社会实践之中，以至于问题的解决，发展思维，提升能力[1]。

4.5.1 利用已学知识迁移（小学）

知识迁移能力是将所学知识应用到新的情境，解决新问题时所体

---

[1] 于颖：《计算思维主导的高中信息技术教材结构设计研究》，东北师范大学学位论文，2017年。

现出的一种素质和能力。包含对新情境的感知和处理能力、旧知识与新情境的链接能力、对新问题的认知和解决能力等层次。形成知识的广泛迁移能力可以避免对知识的死记硬背，实现知识点之间的贯通理解和转换，有利于认识事件的本质和规律，构建知识结构网络，提高解决问题的灵活性和有效性。根据桑代克的有关理论：两种学习之间要产生迁移，关键在于发现它们之间的一致性和相似性。

教学案例

我们在进行数字化作品规划单元时候用到了 PowerPoint。在这之前已经带领学生学习了 Word 软件操作。以此为铺垫，我们可引导学生观察比较它们的异同点，并带领学生归纳总结，学生很容易发现它们有 8 个相同的菜单，但它们菜单下的子菜单并不完全相同。同时 Word 中多了一个表格菜单，可以绘制表格，而 PowerPoint 中多了一个幻灯片放映菜单，可对幻灯片进行设置，这样不仅可以达到巩固旧知识的目的，还可以通过知识的迁移变陌生为熟悉，有利于克服学生的畏难情绪，增强学生学习的自信心，提高教学效率。

4.5.2 通过案例引导剖析实现迁移（初中）

现实世界的学习是一个连续的、周期较长、螺旋发展的终生学习。通过学习能应对各种不同的实际情境，解决现实中的各种问题。"人类对其所学的东西不仅要能重复应用，而且还要能触类旁通、推广类化、以利学习更多的东西。"[①] 因此学习迁移非常重要，大部分的问题解决是通过迁移来实现的，迁移也是学生进行问题解决的一种具

---

① 李晓东，赵群：《教育心理学》，北京大学出版社 2008 年版。

体体现。教师可以采用在资源中提供相关的案例的方式，供学生进行学习、按图索骥，通过剖析—模仿—融合—迁移的方法实现问题的解决。在案例的选择与展示上，通过整理、列举符合该学段的学生的思维水平、理解能力，与生活密切相关的例子，并将其解决过程：如何发现问题、提出问题、设置任务展开讨论分析，对案例中出现的场景进行再现，强化拓展，将其引申到类似的问题解决之中。在问题解决方式的成功迁移中实现计算思维的培养。通过剖析案例的整体过程，学生也模拟了一次问题解决过程，而将其经历的过程实现对其他问题解决的迁移运用，内化为学生的学习经验，学生的计算思维能力才是真正得到有效的锻炼和一定的提升。

教学案例

"人工智能与智慧社会"课程内容中，要初步了解人工智能中的搜索、推理、预测和机器学习等不同实现的方式。

搜索、推理、预测、机器学习等概念牵涉大量的数学问题，需要对数学原理进行学习理解后，对于这些实现方式才能有一个比较透彻的理解，但由于学段的原因，初中阶段的学生还未达到这样的数学水平，如何破除神秘感，如何引导学生理解其中蕴含基本原理与方法，并将原理和方法迁移运用至相似的问题中。

在本次课程中，教师将这些内容落到学生的日常生活，变为学生可以理解的问题，通过可探究可操作的实践活动，剖析案例，认识机器学习的概念，立足计算机视觉的人脸识别这一技术体验机器学习的整个过程（表4-7）。

表 4-7 教学过程设计

教学 环节	教学内容	学生活动	设计意图
实践活动1：人脸检测	活动1： 1. 指导学生运行缺失人脸模型的人脸检测程序，并探究原因。 2. 剖析人脸检测的基本原理和过程。 3. 更改程序代码，检测其他照片中的人脸。 4. 是否可以用同样的方法解决"猫脸识别"问题	思考体验 运行程序进行人脸检测，探究程序出错的原因	体验人脸检测，引出人脸检测原理
实践活动2：人脸识别	活动2： 1. 观察程序文件夹中文件/文件夹类型和名称。猜想其作用？ 2. 程序运行顺序是什么？ face_training face_recognition 先对图片进行标记，对数据进行训练，生成数据模型后，再进行人脸检测。 3. 如何提高人脸识别的准确性？增加训练的人脸图片数量、调整参数、选择其他识别率更高的算法。 4. 尝试建立班级人脸识别系统	体验实施 讨论思考 运行 face_training 程序后文件夹内文件有何变化？哪个文件中的图片数据标记时间更长？训练时间呢？为什么？ 运行 face_recognition 程序后出现的画面中，人名旁的数字有何含义？ 运行 face_recognition，测试不同图片，完成学案表格。 1) 测试图片中的人脸是否全部检测成功？ 2) 置信度有哪些数值？为何有的图片数值为 100	通过活动体验，了解人脸识别的原理与一般过程

在课堂中，通过人脸识别、人脸检测两个案例的剖析，引导学生了解人工智能中计算机视觉技术。在活动1中以人脸检测作为活动主题，以编程工具作为观察人脸识别原理的支点，运行代码、剖析人脸检测的原理，引导学生在实践中理解人脸的特征、人脸检测的基本步骤，知道人脸识别是需要人脸识别模型的，并实践置换模型文件实现对于猫脸、狗脸甚至是目标物体如车、鼠标、键盘的识别，实现原理与方法的迁移。在活动2中以人脸识别作为活动主题，引导学生先分析人类的学习过程：学习新知或新技能—反复练习—小结概念与方法—用学习的技能解决新问题，机器学习的整个过程就类似于人类的学习：对数据进行标记—训练—生成模型—预测（机器学习中监督学习）这一过程，学生理解这一思想后，再通过实验实践并观察：收集需要被计算机识别的人脸照片、使用计算机对照片标记、学习训练、完成对该人脸的人脸识别。通过人与机器学习的生动类比，实现从"人学习"到"机器学习"的概念迁移，从而较快理解人工智能中机器学习的概念与基本步骤。

学生在项目任务中可能需要使用视频音频的方式展示其研究过程，这就涉及了音视频处理，音视频制作的软件非常多，但剧本规划、素材拍摄、收集、剪辑有一般的实施制作流程及非软件操作类的基本原理，这些幕后制作的过程离学生的生活比较远，对学生而言比较神秘，因此可以通过案例剖析的方式消除神秘感，激发学生学习的动力。可以让学生观看短视频诞生的纪录片，了解短视频制作的整个步骤和过程，自上而下理解他们需要创作的音视频是如何拆分成多个可操作性的步骤，并通过模仿、迁移、运用、实践制作一个属于自己的剪辑视频作品。

4.5.3 在合作竞争中完成知识技能的迁移运用（高中）

在 Rescue Line——"开源硬件项目设计"教学实践中发现，由于开源硬件的难度较高，部分能力较弱的学生游离在外，无法举一反三，灵活运用已学知识与技能去解决实际问题，往往存在"拿来主义"的现象，照搬他人的解决方案。针对这样的问题，采用"在合作竞争中完成知识技能的迁移运用"教学策略不失为一个好的选择。

合作竞争能有效地促进学生积极参与到学习活动中。合理的分组，不仅能提高小组内学生思维的活跃度，提升学生注意力集中的程度；也能形成小组间良性竞争氛围，有效提高教学活动效率。

在 Rescue Line 的挑战任务中，任务要求实现：智能小车从起点拼块从发，逆时针或逆时针巡黑线一圈（随机），途中绕过障碍物，回到终点拼块，原地停车。场地如图 4-9 所示。要求每 2 名同学为一组，设计并分享各小组的解决方案，先分享的小组对此方案拥有使用权，其他小组未获得同意不能使用此方案解决。如此设定的目的是防止"拿来主义"，当然若某小组有多种解决方案，也保留了分享使用的可能性。

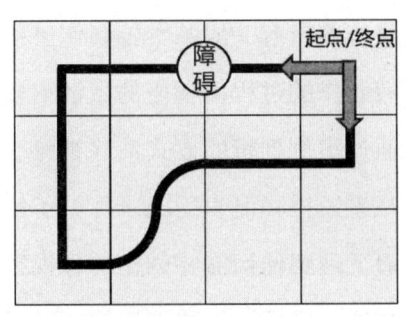

图 4-9　Rescue Line 挑战任务场地

通过之前的课程学习，学生都已明白，解决方案的关键之处就是如何判断智能小车是顺时针还是逆时针巡线。此时便能够检测出他们的计算思维素养如何了，能不能迁移运用之前所学的计算机学科领域的知识和方法，通过把问题特征抽象化、解决方案模型化，算法程序自动化来实现问题的解决。

高中生已经有了一定的合作竞争意识，但是还没有完全认识到合作竞争所能达到的真正效果，教师可以设计一些适合分组的任务，将学生分成不同的小组，将教师指导、交流讨论与学生自学有机结合。在小组讨论的过程中，来自不同同学的各种想法相互碰撞，它促进了学生视野和思维的开阔，使学生能从更多的角度看待问题，提升学生的创新能力，在整个项目活动完成中，强调组内搭配合作与组间良性竞争。组内搭配合作有利于发挥不同基础知识、不同性格特征、不同兴趣爱好学生的优势，小组成员有着共同的目标，有利于组内成员之间优势互补，互相帮助，互相促进，提升学生沟通能力与团队协作的能力，达到共同提高的目的。组间良性竞争，分组后组间自动会形成竞争机制，在组间相互竞争的过程中学生会形成强烈的集体意识，为荣誉而"战"，提高学习热情。

通过合作竞争的方式高效地实现了迁移运用的教学策略，使得原来游离于外的同学也回归到课堂，与同组的小伙伴们共同商讨解决方案。即使其思路想法有些偏离也没有关系，无论如何这些学生也的的确确是在思考了。每个小组都在想方设法地寻找与他人不一样的解决方案，这样使得课堂中的"拿来主义"也少了很多，课堂中充满了计算思维的"味道"。通过小组之间的良性竞争，激励学生在有限的时间内集中精力完成活动问题的解决，并分享解决问题的思路和方法，教学氛围活跃，课堂实践效果较好。共 7 个小组的课堂，最终呈现出了 8 种不同的解决方案。

通过情境创设、问题驱动、支架搭建、迁移运用等教学策略，信息技术课堂变得多姿多彩，充满生机，进而激发学生学习兴趣，引发深度思考，促进探究创新，发展计算思维。每一名学生都能在其中汲取营养，得到成长。当然在实际的教学过程中，还需根据教学内容、教学环境、学生的具体情况等因素综合考虑，选择适当的教学策略，真正做到因材施教，因生施教。只有适合的，才是最好的。

第 5 章　建构与检验：基于问题解决的中小学生计算思维评价[①]

计算思维评价是中小学生计算思维培养的重要环节。计算思维评价有两种基本的价值取向。一种是"对于学习的评价"（Assessment of Learning），目的在于验证计算思维的培养成效和学生计算思维的发展水平，通过评价为这一验证结果提供依据，对学生的学业成就进行认证和选拔。另一种是"为了学习的评价"（Assessment for Learning），目的在于为了更好地发展学生的计算思维，帮助教师及时了解和掌握学生计算思维的现况，设计个性化的教学方法和教学策略，促进学生更全面地实现计算思维学科核心素养的发展。

纵观已有的计算思维评价研究成果，大都属于上述的第一种情况，即对于计算思维学习的评价。例如，郁晓华等开展计算思维评价微认证，是通过认证来证明学生是否达到某一种能力，属于典型的对计算思维培养成效的评价。[②] 国际上，类似的计算思维评价项目则更多，例如，西班牙学者罗曼·冈萨雷斯（Romaán-Gonzaález）开发的计算思维测试 CTt（Computational Thinking test），包含 28 个测试项

---

① 本章由上海市格致中学季金杰、上海市向明中学冯金珏、上海市实验小学丁勇合作，季金杰统稿。高中学段相关内容及案例由季金杰撰写，初中学段相关内容及案例由冯金珏撰写，小学学段相关内容及案例由丁勇撰写。

② 郁晓华，王美玲，程佳敏，等：《计算思维评价的新途径：微认证》，载《开放教育研究》2022年第 1 期，第 107-120 页。

目,每个项目均以"迷宫"或"画布"的形式显示,测量学习者对基本的计算概念的掌握情况以及使用编程来解决相关问题的能力,最终给出被测者的测试得分。[1] 这是典型的终结性评价,无法在"迁移"等维度上测量出学生的计算思维表现,只能在"认知""理解""应用"等维度进行测试。较适用于测试学生在某一时间结点上的计算思维水平,难以实现学情发展的跟踪、诊断和导向。

本章着重从为了学习的评价的角度,探讨如何确立中小学生计算思维评价的维度或框架,如何结合具体课例设计中小学生计算思维评价方案,如何设计并运用中小学生计算思维评价工具,如何根据评价结果促进学生计算思维的发展。

5.1 计算思维表现性评价的维度建构

项目组在初中和高中两个学段的研究和实践中,依据不同的理论基础,分别建构了两个不同的计算思维评价维度。向明中学冯金珏老师在初中阶段构建了计算思维"三阶段式"评价体系;格致中学季金杰老师在高中阶段的教学实践中,依据计算思维的操作性定义,设计了基于"形式化"、"模型化"、"自动化"、"系统化"、"迁移运用"(简称"五要素论")的计算思维表现性评价框架。

为全方位呈现两者的差异和特点,先对两个评价维度的构建过程进行介绍,再根据各评价维度,设计相应的评价方案和评价案例。

---

[1] González M R."Computational Thinking Test: Design Guidelines and Content Validation" [C]// *Proceedings of EDULEARN15 Conference*. Barcelona,Spain,2015: 2436-2444.

5.1.1 基于"三阶段"式的计算思维表现性评价维度

计算思维是内隐的，不易直接测量。因此，我们对初中生计算思维的评价建立于在多样化的情境中观察学生的具体表现，判断学生是否具有相关计算思维素养，称为计算思维表现型评价。本章将以《义务教育信息科技课程标准（2022年版）》为依据，设计对初中生的计算思维表现性评价的一级指标、二级指标以及二级指标的表现性描述。

1. 一级指标的设计

《义务教育信息科技课程标准》中有关计算思维的定义，认为其是指个体在运用计算机科学领域的思想方法，在形成问题解决方案的过程中产生的一系列思维活动。因此，我们从计算思维应用过程的角度，设计计算思维评价的一级指标。

计算思维应用过程根据周以真教授有关计算思维定义的形象化描述，Alexander Repenning 等人将计算思维解决问题的过程分成三个阶段[①]：问题的形式化描述（Problem Formulation）、解决方案的表达（Solution Expression）、方案的执行与评估（Solution Execution & Evaluation），其关系如图 5-1 所示。

问题的形式化描述：尝试去提出和定义一个问题。

解决方案的表达：以一种非模糊化的方式表达，以便计算机能够操作，同时这个表达能够支持计算机编程。

---

① 聂永苹：《初中信息技术课程计算思维评价指标构建研究》，曲阜师范大学学位论文，2018年。

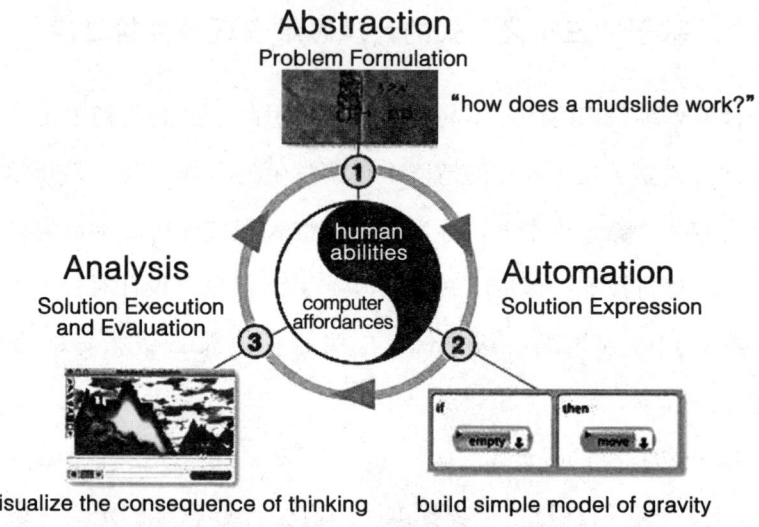

图 5-1　计算思维应用过程的三个阶段①

方案的执行与评估：计算机以自己的方式直接显示解决方案的执行结果，并对执行的结果进行评估，完善解决方案。

这三个阶段描述了人机合作解决问题的过程。解决方案的表达主要是由人类完成；方案的执行与评估主要由计算机完成；虽然问题的形式化描述通常是由人类完成，但计算机可以提供概念化的过程。例如通过促进视觉思考，便于问题的形式化描述（图 5-2）。

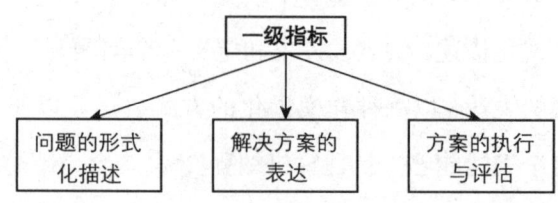

图 5-2　一级指标的设计

---

① 《计算机教育》杂志：《看〈计算机科学导论〉，发展计算思维能力》，（2018-12-07）[2022.7.25].http://www.sohu.com/a/280393374_797850? sec = wd.

计算思维应用过程的三个阶段与课程标准修订组成员提出的计算思维四大主要表现——形式化、模型化、自动化、系统化——具有一致性。

问题的形式化描述与形式化是一致的。它们都以抽象为核心，确定问题并将问题转化成计算机易于处理的形式。同时，抽象都具有层次性，如先确定大问题，然后将其分解成相互关联的小问题。

解决方案的表达包含模型化和系统化。模型化是根据约束条件，建立解决方案的模型。系统化是遵循一定的系统规则和方法，将各种信息、模型、算法进行整理与归类，形成解决特定问题功能的有机整体。它们都是形成一种非模糊的、系统的、便于计算机编程支持的解决方案。

方案的执行与评估和自动化是一致的。自动化是利用计算机实现解决方案的自动化运行，并对处理的信息进行分析判断，通过迭代方法对解决方案进行完善和优化。根据一级指标设计，经过方案执行，整个计算思维的应用过程可能并未结束，需要多次执行，从而完善方案。因而，自动化与方案的执行与评估具有内在一致性。

2. 二级指标的设计

要素是计算思维素养的核心内容，能够体现学生计算思维素养的本质特征，以计算思维要素为参考是设计二级指标的重要途径。

根据计算思维要素分析可知，ISTE 和 CSTA 从问题解决过程的角度，提出计算思维的九大要素，即数据搜集、数据分析、数据表达、问题分解、抽象、算法与流程、自动化、模拟与并行。这与一级指标设计的理念相一致，都是从问题解决的过程出发。

由于数据搜集、数据分析、数据表达三个要素主要体现学生的数据表征能力，因而将数据表征能力作为计算思维二级指标之一。抽象是指能够对现实事物或对象提取特征、属性、规则，忽略与问题解决不相关的信息，从而形成对事物的形式化表达，这与确定问题和转化问题的形式相一致。于是，将确定问题和转化问题的形式也作为计算思维评价的二级指标。算法与流程、自动化与并行是为了解决某个问题或目标而设计的一系列有序步骤，通过设计算法，编写程序，实现人机合作，自动化处理解决方案。这与构建模型、算法设计、编写程序相一致，因而，将构建模型、算法设计、编写程序作为计算思维的二级指标。模拟要素是学生利用计算机技术判断模型合理性，体现学生利用计算机技术实施解决方案的能力。它与方案的执行与评估相一致，因而将方案的执行与方案的评估作为计算思维评价的二级指标。于是，将确定问题、分解问题、转化问题的形式、数据表征、构建模型、算法设计、编写程序、方案的执行、方案的评估确定为计算思维评价的二级指标，如图 5-3 所示。并且这九个二级指标具有内在的逻辑性，符合解决问题的顺序。

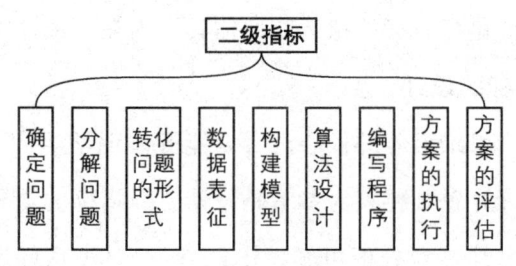

图 5-3　二级指标的初步设计

理解二级指标的内涵，便于后期研究者观察课堂教学中学生计算思维外显行为表现，同时，也便于一线教师实施和应用评价指标测评学生计算思维水平。

（1）确定问题

确定问题是解决问题的前提，如果问题确定错误，方案再怎么完美也是无用的。确定问题体现在学习者对材料或主题的理解，去除与解决问题无关的信息；整理、综合保留的信息，精确化、概括化表示需要解决的问题，体现学习者抽象、概括信息的能力。

（2）分解问题

分解问题主要针对较为复杂的问题。它主要体现在学习者根据已有的知识结构，将问题分解为自己易于处理的小问题，并建立各小问题之间的联系及逻辑顺序，形成解决问题的思路。

（3）转化问题的形式

转化问题的形式是计算思维的基础，是基于计算机进行问题求解的基本工作。它主要体现在将问题转化为易于计算机处理的形式，需要学习者掌握常用符号的内涵及计算规则。具体表现如下：学习者首先确定解决问题的变量、理清变量之间的运算关系；然后，根据符号的内涵及计算规则，将变量与变量之间关系用符号表示；最后，用计算机语言描述问题。在这个过程中，还需注意学习者是否自愿或自觉将问题转化为计算机易于处理的形式，体现他们利用计算机的思维和方法解决问题的意识。

（4）数据表征

它主要体现在对所需数据的表征，主要包括搜集、选择、分析、转化数据并用恰当形式表达，或联结各种表征以寻求问题的解决办法。数据表征能力的要求随着需要提取的数据量、整合不同的表征数据，以及设计表征的变化而变化。具体行为表现如下：根据问题解决的需要，搜集与问题相关的资料；选择合适的方法深入分析和理解数据，建立数据与问题解决之间的联系；用适合的图表、文字或图片等方式组织数据，形成问题解决所需的表征形式。

（5）构建模型

它是指用模型来描述对象及其对象之间的变化关系，是利用计算机进行问题求解的一种重要方式。它既有一般归纳表示的模型，也有形式化很高的数学模型。其中，数学模型通常是用函数描述变量及变量之间的关系，然后通过结果优化选择合理的方案。模型中的变量表示的对象既可以是具体的数等，也可以是一个子模块或子系统。具体行为表现如下：选择已有模型，直接运用；根据约束条件，修改一个熟悉的模型；根据变量、约束条件等建立一个新模型，并检验模型是否满足任务的要求。

（6）算法设计

算法是计算机求解问题的指令序列，该序列能够对给定的输入在有限的时间内获得要求的输出。具体表现如下所述：根据模型中变量之间的关系，设计一系列解决问题的操作指令；知道哪些操作指令能够并行处理及每一步操作指令在哪个位置结束。通过分析、比较不同算法的有效性和效率，选择最优化的算法。

（7）编写程序

它主要是指根据算法将问题解决模型编写成计算机可以自动处理的形式。具体表现如下所述：明确各变量的含义及之间的关系，归纳算法中的相似步骤，确定反复调用的函数，然后，按照编写程序规则，将设计的算法编写成计算机可以处理的语言。

（8）方案的执行

它主要指学习者有意识地用计算机技术来执行解决方案。具体表现如下：根据整体解决方案，能够辨别哪些步骤能够利用计算机的指令完成相应的指令；建立信息材料、数据、算法等之间的联系，并运用到方案的实施中。通过方案的实施，折中、修改、优化解决方案，并总结解决方案的思路与方法。遇到同类问题时，学习者能够将此类问题的解决思路与方法迁移到类似问题中。

(9) 方案的评估

此处方案的评估注重解决方案是否具有一定的系统化。具体表现如下：解决方案的符号形式化表达，便于实施者厘清解决问题的思路；根据分解的小问题建立解决问题的子模块，并建立数据、模型、算法之间的联系，形成系统化的解决方案（表5-1）。

表 5-1 一、二级指标的关系

一级指标	二级指标
问题的形式化描述	确定问题
	分解问题
	转化问题的形式
解决方案的表达	数据表征
	构建模型
	算法设计
	编写程序
方案的执行与评估	方案的执行
	方案的评估

5.1.2 基于"五要素论"的计算思维表现性评价维度

《普通高中信息技术课程标准（2017年版，2020年修订）》将

"构建基于学科核心素养的评价体系"作为高中信息技术课程的基本理念之一，强调注重情境中的评价，评价方式和评价工具应支持学生自主、协作地进行数字化问题解决，促进基于项目的学习。

计算思维是高中信息技术学科核心素养之一。课程标准将计算思维的内涵界定为："个体运用计算机科学领域的思想方法，在形成问题解决方案的过程中产生的一系列思维活动。具备计算思维的学生，在信息活动中能够采用计算机可以处理的方式界定问题、抽象特征、建立结构模型、合理组织数据；通过判断、分析与综合各种信息资源，运用合理的算法形成解决问题的方案；总结利用计算机解决问题的过程与方法，迁移到与之相关的其他问题解决中。"将计算思维的具体表现归纳为"解决问题过程中的形式化、模型化、自动化、系统化"。

在这一界定中，计算思维具体表现的四个方面较为抽象，对于"形式化、模型化、自动化、系统化"的具体内涵缺乏明确的界定。我们试图借鉴"计算思维"的定义，将学生在信息技术学科项目化学习过程中的具体行为表现与课程标准中的"形式化、模型化、自动化、系统化"形成关联和映射。

美国国际教育技术学会（ISTE）和计算机科学教师协会（CSTA）将 K-12 教育中"计算思维"定义为学生在问题解决过程中具备的六个特征：①用某种方式来阐述和表达问题，使人们能借助计算机或其他工具来解决问题；②逻辑组织与数据分析；③通过模型、模拟等抽象的方式重现数据；④通过算法（一系列有序步骤）形成自动化解决方案；⑤识别、分析、应用各种可行的解决方法，对比要实现的目标，找到效率最优的解决方案；⑥将问题的解决过程拓展和迁移到更广泛的问题情境中。①

在这一定义中，明确了每一个环节或阶段学生的具体表现，如阐述和表达问题、分析数据、设计算法等，这样的表述更有利于结合具体的项目活动设计学生计算思维的表现性评价方案。

在遵循课程标准对于计算思维评价学科核心素养内涵与表现界定的基础上，我们将课程标准中提出的"解决问题过程中的形式化、模型化、自动化、系统化"与美国国际教育技术学会（ISTE）和计算机科学教师协会（CSTA）提出的评价学生计算思维的六个特征进行关联与融合，转化为评价高中生计算思维学科核心素养表现的五个具体方面，即形式化、模型化、自动化、系统化、迁移运用。

形式化对应于"用某种方式来阐述和表达问题，使人们能借助计算机或其他工具来解决问题""逻辑组织与数据分析"。

模型化对应于"通过模型、模拟等抽象的方式重现数据"。

自动化对应于"通过算法（一系列有序步骤）形成自动化解决方案"。

系统化对应于"识别、分析、应用各种可行的解决方法，对比要实现的目标，找到效率最优的解决方案"。

迁移运用对应于"将问题的解决过程拓展和迁移到更广泛的问题情境中"。在明确了"形式化、模型化、自动化、系统化、迁移运用"这五个评价维度及其与 ISTE 和 CSTA 对"计算思维"的操作性定义之间的对应关系后，我们认为，在每一个评价维度上都应当将学生的

---

① ISTE/CSTA：*Operational Definition of Computational Thinking for K -12 education*，(2012-04-15)[2019-8-15].http：//www.iste.org.

不同表现情况划分为相匹配的表现水平。依据课程标准对信息技术学科核心素养的水平划分与相应描述，我们按预备级、水平1、水平2、水平3将学生在各个评价维度上的表现划分为4个水平。

在设计具体的单元活动时，运用表现性评价的方法，设计评价方案，预先确立每一个维度上4个表现水平对应的具体表现描述。

5.2 计算思维表现性评价的方案设计

5.2.1 基于"课前—课中—课后"的小学生计算思维评价方案设计

数字时代的到来对于人才的培养要求不仅局限于对知识的掌握，更加关注学生解决真实问题的能力，因此学生计算思维的评价应该是综合性的。传统课堂中只关注学科知识的评价方式已经无法满足计算思维培养的要求。任何教学评价都离不开课前的诊断性评价、课中的形成性评价和课后的总结性评价，所以本节将基于以上三个评价类型并结合计算思维表现性评价指标体系，设计与教学案例相匹配的计算思维评价方案，如图5-4所示。

要为计算思维设计评价方案，我们首先从诊断性评价入手，可以采用量表对学生的计算思维水平做一个整体性评价。紧接着上述教学案例中涉及学生用思维导图对问题进行分解，利用模块化编程结合机器人硬件进行数字化作品创作。因此，学生的思维导图手稿、编写的程序、作品的完成情况以及在编程调试作品时的表现都可作为计算思

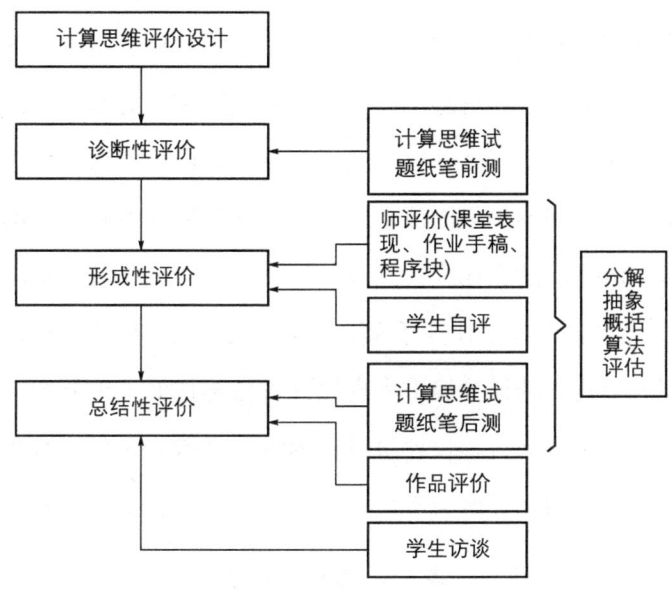

图 5-4　计算思维评价方案实施流程

维评价的过程性数据。在完成了一个跳绳计数器项目的学习之后，需要对学生的计算思维能力的发展进行一个总结性的评估。对应前面的诊断性评价，这里让学生再一次进行纸笔的计算思维测试，前后两次所用试题应该是一致的，注意前测之后不对测试试题进行讲解。此外，学生的成果作品展示也将作为评价的一部分，同时还应该随机抽取几名同学进行访谈，以深入了解学生计算思维发展状况并收集学生对课程的反馈，进而对课程的迭代提供参考。

在教学评价中，不同阶段对学生的评价可以分为过程性评价和结果性评价，能评价学生在不同阶段的学习程度。根据评价的主体不同，我们可以把评价分为相对评价、自身评价和绝对评价。在接下来的教学中，可以选择上述评价来丰富评价方式。

1. 课堂生成性评价

教师运用过程性评价方式来观察学生在课堂中的生成行为，能实时收获课堂中的生成性材料。在一节课的观察中，老师要从这几点着手：学生、观察侧重点、观察范围。在过程性评价的课程中，观察对象是上课学生，观察学生的课堂专心度、学生回答老师问题的积极程度、本课布置作品的完成度、完成时间长短等方面，及时记录评价结果。关于课堂中的学生作业手稿、程序块、课堂表现这些数据的评价，依据之前建立的计算思维表现性评价指标体系，编制相应的评价量规。以下是笔者为过程性评价设计的教师评价表和学生评价表，即过程性评价，为教师评价与学生自评相结合（表5-2，表5-3）。

表 5-2 教师评价表

教师评价	初始级	中级	熟练级	高级
分解	不能独立分解问题	经过提示，能将跳绳计数器问题或任务分解成不同的组成部分	能将跳绳计数器问题或任务分解成不同的组成部分	能将跳绳技术器问题分解并进行清晰地表达每一部分的联系和逻辑
抽象	无法对解决方案进行简化，去除不必要的信息，不能提取、搜集或创建与问题解决相关的数据	经过提示，能够对解决方案进行简化，提取、搜集或创建与问题解决相关的数据	能够对解决方案进行简化，提取、搜集或创建与问题解决相关的数据	对问题解决方案进行简化，搜集或创建与问题解决相关的数据，并用符号化的方式表达问题
概括	不能识别出问题或人物的共性，无法将特定问题的解决方案使用与类似问题	经过提示，能够识别问题或认为的共性，并将问题解决方案适用于类似问题	能够识别问题或认为的共性，并将问题解决方案适用于类似问题	能够识别问题或认为的共性，并将问题解决方案适用于类似问题，也能迁移到另一个场景中

(续表)

教师评价	初始级	中级	熟练级	高级
算法	不能清晰描述问题解决的具体步骤过程	经过提示，能描述问题解决的具体步骤过程，能创建基于经验的解决方案的算法	能描述问题解决的具体步骤过程，能创建基于经验的解决方案的算法	能描述问题解决的具体步骤过程，能创建基于经验的解决方案的算法，能创建基于真实世界的算法描述，以便更好地理解它们
评估	不能评估算法方案的正确性	经过提示，能评估算法方案的正确性，能测试算法方案和解释结果	能评估算法方案的正确性，能测试算法方案和解释结果	能评估算法方案的正确性，能测试算法方案和解释结果，能评估不同算法方案中的最优方案，能使用严格的论证来检查算法方案的可用性或性能

表5-3 学生评价表

	评价标准	★	★★	★★★	★★★★	★★★★★
分解	我能够成功分解问题					
抽象	我能够用画出解决问题思路					
概括	我知道这个问题的解决方案还能用在别处					
算法	我通过编程设计出了作品					
	我能够理解我每一步的程序					
评估	我能够对作品进行调试并作出改进					
	我的作品能够实现功能并流畅运行					

2. 分析测试卷完成情况

在整个教学前，学生完成测试卷（围绕计算思维），做完之后老师批阅不做讲解，在整套课程学习结束后，请学生再次填写这套测试卷，将两套测试卷的批阅结果进行对比，分析不同题目学生的正确率情况。通过这个方法能反映学生通过这段学习后，计算思维能力是否有提高，这样的评价方法更准确也更客观，有足够的参考价值。

3. 访谈调查和问卷调查

访谈调查是在课程结束后，每班随机挑选一位学生对他进行深度访谈，从课程背景、操作过程、制作结果和未来使用等方面进行访谈，请学生说出：通过学习 Scratch 究竟能做出什么？制作过程中灵感是什么？在制作过程中遇到困难怎么办？经过一段时间的学习，喜欢 Scratch 吗？用问卷是请学生用笔头的方式写下经过一段时间的学习对课程的建议，记录学生知识技能、情感态度的方面，经过这些学习掌握了三维目标中的哪些内容，从而进一步评价计算思维的达成度，因此是从计算概念、计算实践和计算表达三个方面制订研究问题，设计评价题型，编制使用的问卷，请学生填写问卷。

4. 生成性材料

每节课作品有不同难易度，学生经过每节课的学习后完成作品，老师根据学生完成作品的不同程度统计并点评记录，了解学生知识与技能的掌握情况，搜集更多的资料汇总得出结论。

5. 学生 Scratch 作业电子档案袋

教师在设计 Scratch 编程档案袋时应该考虑：为什么需要建立档案袋？每个学生的评价标准是什么？在课后收集学生作品，将它们放入学生 Scratch 编程档案袋中，在 Scratch 教学后，将学生的系列作品上传到

Scratch 官网 Dr. Scratch，这是一个测量学生作品的计算思维力高或低的平台。通过将学生一系列的作品上传，观察学生作品，来印证 Scratch 课程是否能提升学生的计算思维能力。

计算思维评价是计算思维培养的重要环节，对计算思维定义与内涵的理解的不同，其评价方式也会有所差异。所以首先要明确课程培养的计算思维目标，教师需要制定一个完备详实的评估标准。其次要对学生所能达到的计算思维水平层级有个明确的划分，以便在形成性评价中教师能够对学生所处的水平有所掌握。在总结性评估中，教师可以比较直观地了解到学生的学习效果并反思教师自己的教学成果。

各种形式的评价工具均有各自的优点和缺点，采用单一形式的评价工具，很难保证评价的完整性与全面性，所以对学生计算思维的评价一定要全局考虑，根据学习目标、教学方法、学生特点有针对地选取评价工具。另外，学生作为学习主体可以参与评估体系的构建，通过教育者与受教育者的相互交流，可以促进双方对教育过程的认识，帮助双方对学习目标有更加深入的认识。总之，评估主体要多元化，评估工具要多样化，评估方案要体系化。

6. 计算思维评价与建议

基于量表的评价，主要关注学习者计算思维认知与态度等情况的测量，是一种由学习者进行自我汇报的主观评价，常见为李克特量表的形式。由于此类评价工具是对学习者主观态度的评价，因此，评价工具本身并不存在测量的难度问题，适用于不同年级、不同学习阶段的学习者测量。但使用过程中要避免学生随意填写而不能反映真实情况的问题，需要严格把控量表填写过程，确保学生按照真实想法填写量表。此外，很多量表不是用中文编制的，翻译成中文后要检验表述是否与原文表意一致，还要通过试用确认学生能够完全理解量表中的内容表达。

基于系统环境的评价，主要是借助计算思维培养系统，自动收集与分析学习者的编程过程性数据，并以此来评估学习者计算思维能力的方式。最为典型的是 Dr. Scratch，它能够通过自动分析学习者使用 Scratch 中各个功能模块的代码，对学习者计算思维概念上给出"0—3级"的评分，并以此来判定学习者在编程中的计算思维能力水平。最后学习者会得到一份反馈报告，里面有帮助学习者提升计算思维技能的建议。

上述评价工具，主要是以测试、做任务以及编程等形式，收集学习者的量化数据进行分析，从而对学习者计算思维能力水平进行客观评价的。但量化评价有其局限性，通过数据有时无法很好地解释现象背后的原因，无法深入了解在计算思维培养的内在机制。这时候就需要用质性评价对量化评价进行很有效的补充，全面地分析与评价学习者的计算思维能力，可供选用的包括学生访谈、学生反思日志、作品评价等。进行学生访谈时要拟好切实可行的访谈提纲，适时根据回答进行追问以深入挖掘学生内心想法。

5.2.2 基于"三阶段"式的初中生计算思维表现性评价方案设计

1. 二级指标的外显行为表现描述

这部分主要通过课堂观察学生计算思维外显行为表现，提取计算思维行为动词，结合各二级指标的内涵，确定学生计算思维的具体表现，即二级指标的描述，便于教师通过计算思维行为动词观察学生计算思维外显行为表现，有益于计算思维评价指标的实施。

课堂观察记录，包括观察的班级，班级的人数以及观察的次数，并根据计算思维二级指标，将听课记录进行整理、划分与归类，并可用表格的形式呈现课堂记录结果。接着，以计算思维二级指标为维度，记录学生的外显行为表现（表5-4）。

表5-4 在信息技术课堂中学生计算思维外显行为表现观察结果归纳表

二级指标	外显行为表现
确定问题	1. 阅读材料，能够辨识哪些信息与问题解决无关。 2. 根据保留的信息，确定需要解决的问题。 3. 能够用精确化的语言定义这个问题到底是什么
分解问题	1. 根据对问题的理解，将问题分解成更小、易于管理的部分。 2. 能够发现小问题之间的联系，建立解决问题的逻辑顺序。 3. 尝试性验证分解的可行性、合理性和可操作性
转化问题的形式	1. 在问题解决时，自己愿意或者自觉的将问题转化为计算机易于处理的形式。 2. 寻找并确定问题解决的变量。 3. 建立变量之间的逻辑关系。 4. 用符号描述处理的对象，将实际问题转化为计算机能够理解的形式
数据表征	1. 根据问题的理解，确定需要收集的数据。 2. 选择恰当的调查方式，开展调查活动，搜集数据。 3. 清晰收集到的数据能够运用到哪些问时解决的坏节之中。 4. 能够表达出数据与数据对象的结构关系。 5. 运用简短的语句或者形象化的图形、表格等方式组织与表达数据。 6. 整合数据的共同特征、属性、规则，忽略与问题解决无关的细节
构建模型	1. 回忆出原有问题解决的模型。 2. 根据问题要求，选择或修改原有的解决模型，或者根据约束条件，建立一个新的解决模型。 3. 根据实际操作结果，判断模型的合理性。 4. 组内自评模型的优势与不足，最终达成共识，形成一个相对完善的模型

(续表)

二级指标	外显行为表现
算法设计	1. 设计一系列解决问题的操作指令。 2. 在设计操作指令时能够考虑不同的情况、采用不同的方法。 3. 说明每一步操作指令在问题解决方案中哪个位置结束。 4. 面对复杂的问题，耐心去尝试各种想法，找到算法设计的突破口。 5. 设计的算法能够成功运用到问题解决的过程之中
编写程序	1. 归纳算法中相似的步骤。 2. 确定并表达出反复调用的函数。 3. 根据解决问题的思路及算法的设计，编写问题解决的程序
方案的执行（利用计算机技术实施方案）	1. 根据整体的解决方案，能够辨识哪些步骤能够利用计算机完成相应的指令。 2. 建立信息材料、数据、算法等之间的联系，知道它们应该运用到解决方案的哪些环节。 3. 为了促使解决方案的合理性、完善性，对解决方案进行重复执行，每一次重复的结果作为下一次重复的初始值，从而优化解决方案。 4. 总结解决方案的基本思路和方法。 5. 遇到类似的问题，能够将此类解决问题的思路和方法迁移到问题解决中
方案的评估	1. 自身对问题解决的过程进行评价。 2. 其他人对问题解决方案的评价。 3. 各小组问题解决后，可以进行组间互评

2. 基于学生计算思维的具体表现描述二级指标

学生计算思维具体表现的描述是实施教学评价的重要参考标准，同时也是后期制作初中信息技术课程计算思维评分表的重要依据。根据前述课堂观察学生计算思维外显行为表现，计算思维二级指标的内涵及计算思维评价指标的设计原则等内容，初步描述了学生计算思维二级指标的具体表现，如表 5-5 所示。例如，对于"分解问题"这个二级指标来说，学生根据对材料内容的理解，将问题分解成易于处理的小问题。分解的目的是解决复杂的问题，建立起小问题之间的内在逻辑关系，才有利于问题的解决。分解完成后，学生标记出利用什么方法解决这些小问题，确定分解的可行性和可操作性，便于后续问题的展开。

表 5-5 计算思维二级指标的具体描述

二级指标	指标描述
确定问题	1. 根据对材料的理解，去除与问题解决无关的信息。 2. 根据保留的信息，确定需要解决的问题。 3. 精确化、概括化表示问题
分解问题	1. 将复杂问题分解为易于处理的小问题。 2. 建立小问题之间的联系及逻辑顺序。 3. 确认分解的可行性、合理性和可操作性
转化问题	1. 确定解决问题的变量。 2. 将变量等用数学符号表示。 3. 建立变量之间的逻辑顺序。 4. 按照计算规则，将变量之间的关系用符号表述出来。 5. 用计算机语言描述问题。 6. 学习者愿意或自觉将问题转化为计算机可以解决的形式
数据表征	1. 根据问题解决的需要，确定需要收集的数据。 2. 选择调查方式，开展调查活动。 3. 分析收集的数据对解决问题的作用。 4. 分析数据与数据对象之间的结构关系。 5. 利用表格处理等工具对收集的数据进行分析归类和整理。 6. 用适合的图表、文字或图片等方式组织与表达数据。 7. 能够整合数据的共同特征、属性、规则，忽略与问题解决无关的细节，即抽象化表征数据
构建模型	1. 选择已有模型，直接运用。 2. 根据变量关系、约束条件等因素，修改已有模型后再运用。 3. 结合问题情境及计算机语言，逐级推演解决问题的过程，建立新模型
算法设计	1. 按照变量关系，设计按部就班的操作指令。 2. 在设计时，会采用多种方法，考虑不同的可能性。 3. 在设计时，知道哪些步骤能够并行（同时）处理。 4. 确保操作步骤的可行性。 5. 确定每一步操作在哪个位置结束。 6. 设计的算法能够解决相应的问题

(续表)

二级指标	指标描述
编写程序	1. 归纳算法中相似的步骤。 2. 确定反复调用的函数。 3. 根据算法，编写问题解决的程序
方案的执行	1. 根据整体解决方案，能够辨识哪些步骤能够利用计算机完成相应的指令。 2. 建立信息材料、数据、算法等之间的联系，并运用到方案的执行中。 3. 为了逼近所需的目标或结果，不断对解决问题的过程进行重复，每一次重复的结果作为下一次重复的初始值，直到得到较优化的解决方案。 4. 总结解决问题的基本思想和方法。 5. 将此类思想和方法迁移到其他相关问题的解决中
方案的评估	1. 设计的解决方案，具有一定的系统性，易于理解，便于实施。 2. 设计的方案能够解决给定的问题。 3. 设计的解决方案具有一定的迁移性

3. 初中生计算思维评价案例

（1）教学案例

以初中学段"智能识别——SCRATCH 智能垃圾桶的设计与制作"为例，开展基于学生计算思维具体表现的计算思维评价量表的设计。教学课例具体如下。

【智能识别——SCRATCH 智能垃圾桶的设计与制作】

一、教学目标

知识与技能：

1. 描述智能垃圾桶"识别"的过程与特点；

2. 解释颜色侦测积木的作用；

3. 能够根据作品的需求选择相关积木。

过程与方法：

1. 层层深入分析问题，确定"识别"的方案；

2. 实现"识别"的功能，掌握将解决问题的方案转化为计算机程序的方法。

情感态度与价值观：

科技源于生活，从生活中去寻找解决问题的灵感，养成主动探索解决问题的学习态度。

二、教学重点与难点

重点：实现智能垃圾桶的"识别"功能。

难点：① 理解识别的对象是垃圾的"类别"；

② 将"颜色"作为识别垃圾的标签。

三、教学过程

表 5-6 教学过程

教学环节	教师活动	学生活动	教学预估
1. 作业回顾	1. 回顾上节课任务。 2. 展示学生作品，小结制作"垃圾"动作的几种不同方法	观看、聆听同学的作品设计，比较、体会同一种效果的不同脚本设计	
2. 明确识别任务	1. 从开发者的角度考虑智能垃圾桶应该具有怎样的功能？ 2. 播放智能垃圾桶识别动画，明确本课的任务是"智能识别"	描述动画中识别的过程，理解识别的概念，明确本课的任务	

(续表)

教学环节	教师活动	学生活动	教学预估
3. 制定识别方案	1. 提问：智能垃圾桶如何识别不同垃圾？ 引导，并与学生一起分析、归纳： a. 区分识别的对象是垃圾个体还是类； b. 如何对类识别，识别的依据是什么。 2. 播放球场上观众识别队员的视频，进一步帮助学生理解识别过程中的分类与贴标签。 3. 布置"设计识别方案"。 4. 布置作品中为垃圾贴标签的任务	1. 讨论、回答提出的问题。 答案预估：对垃圾个体的识别，如形状、颜色、编号等。 2. 观看视频，思考： a. 识别的对象； b. 通过什么来识别不同的队员。 3. 完成任务单中的"设计识别方案"。 4. 为作品中的垃圾造型贴颜色标签。 5. 展示贴完标签的作品	关于"如何识别不同垃圾？"的问题，学生的回答往往来自生活经验或者是直观感受，认为是对个体的形状、颜色等的识别。此时教师可以借助于生活中的识别案例，通过分析识别过程，提炼识别的对象与识别的依据（标签）。启发学生将分类与贴标签的方法迁移到智能垃圾桶的识别，并提示"是否也能为垃圾穿上队服"，引导学生使用颜色标签
4. 实现识别	1. 提问：Scratch 可以实现对颜色标签的识别吗？ 2. 引导、与学生一起分析，将识别某一类垃圾的过程转换成 Scratch 脚本。 3. 布置任务单中"实现智能识别"。 4. 布置完成识别的任务	1. 打开 Scratch，寻找能够实现识别的积木，回答寻找的结果。 2. 描述一类垃圾的识别过程，思考实现识别的几个关键问题： a. 判断的条件"扫描设备"碰到"垃圾"，在脚本中具体是指？ 答案预估：角色碰到颜色。 b. 判断的结果是什么？这里的开和关的动作如何实现？ 答案预估：是则开，否则关；造型的切换。 c. "扫描设备"怎样通知"垃圾桶开或关"？ 答案预估：广播 3. 完成任务单中的"实现智能识别"。 4. 编写脚本，实现有害垃圾的识别	1. 如果学生不清楚如何使用侦测颜色的积木，可以参考教师提供的帮助文件。 2. 部分学生未能完成识别，可能是没有考虑侦测需要不断去判断是否满足侦测的条件，此时教师有必要解释判断一次为何无法完成识别的原因

搭建问题与计算的桥梁

(续表)

教学环节	教师活动	学生活动	教学预估
5. 展示与小结	1. 简单介绍更多的侦测积木。 2. 拓展视野：生活中更多的识别需要去发现与探索	1. 展示完成识别功能的作品。 2. 小结 Scratch 识别的方法	

（案例提供：徐汇中学　王肖莲）

（2）教学设计

① 教学内容分析

"智能垃圾桶"项目使用 Scratch 软件设计与制作一款具有智能识别功能的垃圾桶，它通过"识别"完成人机交互，能够智能识别不同的垃圾，并自动打开对应的垃圾桶。这节课是"智能垃圾桶"项目的第二课，学生将从生活中的"识别"获得启发，设计智能垃圾桶的"识别"方案；利用"判断"积木与"侦测"积木实现识别。

② 学情分析

本课是智能垃圾桶项目的第二课时。在上一节课中，学生针对目前垃圾分类的尴尬和困惑，提出设计智能垃圾桶的设想，并将功能锁定在"自动识别垃圾"。学生使用 Scratch 绘图工具已经完成了对干垃圾、湿垃圾、有害垃圾与可回收桶的开、关造型的绘制，以及角色的初始化与动作的分析。这节课主要解决的是对不同种类垃圾的"识别"问题。

③ 项目化教学设计

智能垃圾桶项目的单元教学课时安排如表 5-7 所示。

表 5-7　智能垃圾桶项目单元教学课时安排

序号	活动进程	教学内容	课时
1	准备行动	智能垃圾桶的角色与造型设计,角色的初始化脚本设计	1
2	智能识别	制定识别方案,实现识别的脚本设计	1
3	功能完善	完善四类垃圾的识别与后续动作的脚本设计	1
4	项目评价	展示作品,评价小结	1

(3) 针对本案例设计的对初中生计算思维表现性评价

① 初中学段学业要求

学生能列举人工智能的主要术语,知道基本的计算原理(计算思维)。对于初中学段的质量标准中,针对"计算思维"的学段质量标准为:

● 能根据需要利用适当的平台将有价值数据编码为互联网信息的格式。

● 知道互联网中信息的编码、呈现、传输和加密的原理。

● 具备利用互联网基础设施和计算思维方法解决学习和生活中各种问题的能力。

● 通过典型物联网应用场景(如智能家居、可穿戴应用、工农业生产自动化等)分析,了解物联网的架构、传感器系统、控制系统、信息获取、信息传输、以及与物联终端设备的联动过程,初步掌握物联网应用中数据处理的过程、方法和特点。

● 了解人工智能的核心技术。

● 能够利用人工智能的相关技术解决现实问题。

● 初步掌握适应信息化社会所需要的信息科技的基础概念与理论知识,知道信息加工处理的过程与方法。

● 能在真实情境中发现问题、提取问题基本特征,对问题进行抽象、分解，组织、分析数据，运用算法构建较复杂的自动化解决方案。

● 能概括问题的解决过程和方法，并将问题解决模式灵活运用于解决其他问题。

● 知道人工智能技术的基本原理，知道人与人工智能的异同。

② 设计本课具体的评价量表

依据初中学段学业要求，在计算思维评价一级指标、二级指标的框架下，在本课教学设计的教学背景下，设计计算思维外显行为特征课堂观察表（表5-8）。

表5-8 计算思维外显行为特征课堂观察表

一级指标	二级指标	指标描述
问题的形式化描述	确定问题	1. 根据教师给出的真实情境中，确定需要解决的问题。 2. 能够用精确化的语言定义智能垃圾桶的智能体现在"对垃圾进行识别"
	分解问题	1. 将"对垃圾进行识别"问题分解成：对垃圾的类进行识别；明确如何对类识别；明确利用形状、颜色或编号等特征；为垃圾贴标签等。 2. 能确定解决问题的逻辑顺序。 3. 探讨各方案的可行性、合理性和可操作性
	转化问题的形式	1. 确定识别方案。 2. 能完成为垃圾贴颜色标签的任务。 3. 建立标签和分类之间的逻辑关系，将问题转化为 Scratch 表示的形式
解决方案的表达	数据表征	根据垃圾的不同类，确定需要用哪些颜色与之对应
	构建模型	1. 复述出原有问题解决的模型。 2. 根据实际操作结果，判断模型的合理性。 3. 互评模型的优势与不足，最终达成共识，形成一个相对完善的模型
	算法设计	1. 设计一系列 Scratch 脚本解决问题。 2. 在设计脚本时能够考虑不同的情况、采用不同的方法。 3. 能够说明每一步脚本在问题解决方案中哪个位置结束
	编写程序	1. 确定并表达出需要用到侦测积木。 2. 根据利用颜色区分垃圾分类的思路及算法的设计，编写问题解决的程序

(续表)

一级指标	二级指标	指标描述
方案的执行与评估	方案的执行	1. 根据整体的解决方案，表述哪些步骤能够利用计算机指令完成。 2. 能够依据执行情况优化解决方案或提出优化方案
	方案的评估	观看、聆听同学的作品设计，对同一种效果的不同脚本设计给出评价

针对本案例的计算思维外显行为特征课堂观察表，教师根据计算思维二级指标，将听课记录进行整理、划分与归类，然后以表格的形式呈现课堂记录结果，并以计算思维二级指标为维度，记录学生的外显行为表现，其记录结果如表5-9所示。

表5-9 针对本案例的计算思维外显行为特征课堂观察表

学校：_____ 教师：_____ 课题：_____
年级：_____ 班级：_____ 学生人数：_____

观察记录

二级指标	学生外显行为表现的记录	时间	学生（学号）
确定问题	1. 根据教师给出的真实情境中，确定需要解决的问题。 2. 能够用精确化的语言定义智能垃圾桶的智能体现在"对垃圾进行识别"		
分解问题	1. 将"对垃圾进行识别"问题分解成：对垃圾的类进行识别；明确如何对类识别；明确利用形状、颜色或编号等特征；为垃圾贴标签等。 2. 能确定解决问题的逻辑顺序。 3. 探讨各方案的可行性、合理性和可操作性		
转化问题的形式	1. 确定识别方案。 2. 能完成为垃圾贴颜色标签的任务。 3. 建立标签和分类之间的逻辑关系，将问题转化为Scratch表示的形式		
数据表征	根据垃圾的不同类，确定需要用哪些颜色与之对应		

(续表)

二级指标	学生外显行为表现的记录	时间	学生（学号）
构建模型	1. 复述出原有问题解决的模型。 2. 根据实际操作结果，判断模型的合理性。 3. 互评模型的优势与不足，最终达成共识，形成一个相对完善的模型		
算法设计	1. 设计一系列 Scratch 脚本解决问题。 2. 在设计脚本时能够考虑不同的情况、采用不同的方法。 3. 能够说明每一步脚本在问题解决方案中哪个位置结束		
编写程序	1. 确定并表达出需要用到侦测积木。 2. 根据利用颜色区分垃圾分类的思路及算法的设计，编写问题解决的程序		
方案的执行	1. 根据整体的解决方案，表述哪些步骤能够利用计算机指令完成。 2. 能够依据执行情况优化解决方案或提出优化方案		
方案的评估	观看、聆听同学的作品设计，对同一种效果的不同脚本设计给出评价		

设计方便学生填写的、针对本案例的计算思维外显行为学生自评表，学生在课中或课后根据自己的表现在符合的情况下勾选，如表 5-10 所示。

表 5-10 针对本案例的计算思维外显行为学生自评表

年级：_____ 班级：_____ 姓名：_____
智能识别——SCRATCH 智能垃圾桶的设计与制作
学生自评表
请根据自己的表现在符合情况的一格下方空格中打勾：

1. 我不愿意观看、聆听同学的作品设计，没有什么想法	我很愿意观看、聆听同学的作品设计，但是没有什么想法	我认真观看、聆听同学的作品设计，能发现其中的一些亮点或者不足	我认真观看、聆听同学的作品设计，对同一种效果的不同脚本设计给出评价

(续表)

2. 我不明白对垃圾进行识别为什么需要分解完成	在老师的引导下，我能理解需要将"对垃圾进行识别"问题分解完成，但是不能自主地分解	在老师的引导下，我能将"对垃圾进行识别"问题分解成：对垃圾的类进行识别，或者明确如何对类识别，或者明确利用形状、颜色或编号等特征，或者为垃圾贴标签等其中的一两个步骤	我能将"对垃圾进行识别"问题分解成：对垃圾的类进行识别；明确如何对类识别；明确利用形状、颜色或编号等特征；为垃圾贴标签等
3. 我没听懂贴标签的这个任务要做什么	我明白分类任务需要我给垃圾贴颜色标签，但是我无法完成贴标签任务	在老师的引导下，我能和同桌一起完成为垃圾贴颜色标签的任务	我能独立完成为垃圾贴颜色标签的任务
4. 我不理解要怎么利用颜色区分垃圾分类，无法自己编写脚本程序，也没听懂老师的解释	我不太理解要怎么利用颜色区分垃圾分类，无法自己编写脚本程序，但是我能看懂老师的编写Scratch脚本	我能根据利用颜色区分垃圾分类的思路及算法的设计，并需要在老师的帮助下编写Scratch脚本的问题解决程序	我能根据利用颜色区分垃圾分类的思路及算法的设计，编写Scratch脚本的问题解决程序
5. 我还不明白自己的程序能实现什么功能，没有其他的方案	我知道自己的程序能实现什么功能，没有其他的想法	我能够依据执行情况提出一些不足和想法	我能够依据执行情况优化解决方案或提出优化方案

5.2.3 基于"五要素论"的高中生计算思维表现性评价案例设计

1. 项目任务

在高中信息技术"必修1 数据与计算"第二章"算法与程序实

现"的教学中，围绕如下项目任务，设计项目活动。

以我国某市邮寄市内平信的邮资计算方式为例：

若总重量（含信封、信纸等）小于等于20克，应收邮资0.8元。

若总重量超过20克且不超过100克，则在首重（20克）收0.8元的基础上，每加重20克，邮资增加0.8元（注：若加重部分不足20克，也按20克计算）。例如，邮寄一封总重量为40克的平信，则应支付1.6元邮资。邮寄一封总重量为31.92克的平信，也应支付1.6元邮资。

若总重量超过100克，重量超出100克部分的计费方式另有区别，此处暂作"超重"处理。

你能否为邮局编写一个能够实现计算邮资的程序，输入信件重量，输出相应的结果。

2. 项目分析及评价设计要点

在项目任务中以文本形式，对项目情境和项目要求做了具体的介绍。从解决问题的一般规律和过程来看，学生在领会项目任务的意图后，要经历以下五个思考和实践阶段，而这五个阶段正是计算思维评价的五个表现方面。

阶段一（形式化）：首先，按照计算机处理问题的方式与过程分解项目任务。本项目可分为以下几个处理环节：首先，输入信件的重量；其次，根据输入的信件重量计算其所对应的邮资；最后，输出计算得出的邮资。在这三个过程中，根据信件重量计算邮资最为关键，涉及具体的算法。评价学生在本阶段的表现时，重点关注在三个环节中是否存在疏忽或遗漏。

其次，分析项目任务中需要用到的数据类型、数据范围及各数据之间的关联。在设计本项目的算法时，需要考虑至少两个变量，变量 n 表示信件的重量，变量 s 表示邮资。信件的重量要根据实际测量结果而定，其数据类型应当为实数型，数据范围为大于 0 数。根据题意，邮资一般为 0.8 元的整数倍，其数据类型也是实数型，数据范围是大于 0 且为 0.8 的整数倍。变量 s 与变量 n 之间的关联可用如下关系式表示。

$$s = \begin{cases} 0.8 \times 1 & (0 < n \leqslant 20) \\ 0.8 \times 2 & (20 < n \leqslant 40) \\ 0.8 \times 3 & (40 < n \leqslant 60) \\ 0.8 \times 4 & (60 < n \leqslant 80) \\ 0.8 \times 5 & (80 < n \leqslant 100) \\ \text{"超重"} & (n > 100) \end{cases}$$

评价学生在本阶段的表现时，应重点关注变量 s 与变量 n 的这 6 种对应关系是否存在部分遗漏或对应错误。由于变量 s 与变量 n 的关系式表示不唯一，还可用更简洁的方法描述它们的对应关系，因此，若学生构建的变量关系与参考表达式不一致，可进一步判断其是否符合题意。

阶段二（模型化）：根据数据之间的关联，设计问题解决所需的算法结构模型。由变量 s 与变量 n 的关系式可知，变量 n 的值不同，变量 s 与变量 n 之间共有 6 种对应关系。可以运用五重分支结构的嵌套作为算法模型，也可用六个单分支结构的并列作为算法模型，还可用更为简洁的双分支结构来构建变量的关系。

阶段三（自动化）：设计完整的问题解决方案。在阶段二的基础上，添加输入、输出等内容，用程序设计语言实现，即构成一个完整的解决方案。本阶段的评价要点在于评判学生设计的解决方案是否完整、规范，能否满足项目任务要求。

阶段四（系统化）：分析、比较并找到效率最优的解决方案。这是较能体现学生思维差异的一个表现方面。从以往的教学实践经验来看，学生一般会得出三种效率各异的算法和解决方案。其一是使用如图 5-5 所示的五层分支结构嵌套的算法模型来解决问题，这一解决方案效率相对较低。其次是使用双分支结构嵌套的算法模型来解决问题（图 5-6），这一方法是抓住了邮资与信件的重量是否为整数有关这一关键点，以此来构建邮资与信件重量之间的关联。这一方法的难点在于如何设定流程图中有待填写的判断条件，以判断变量 n 的值是否为整数。在 Python 中，如果用 $n\%20==0$ 作为判断条件，或使用 $n/20==\text{int}(n/20)$ 作为判断条件，能正确实现任务要求。

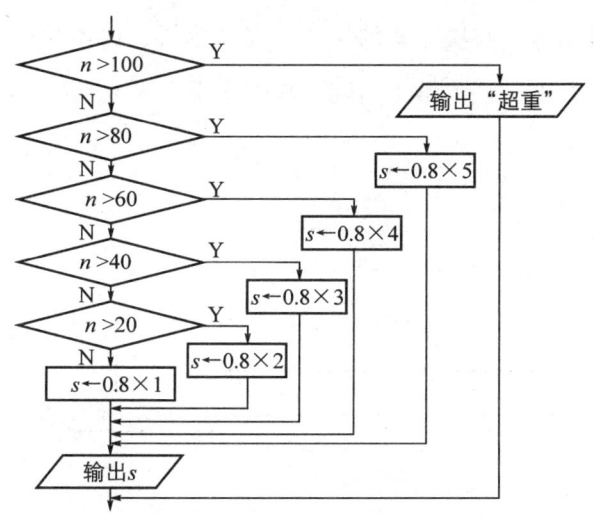

图 5-5　用五重分支结构的嵌套描述"邮资计算"的算法模型

还有一种算法效率更高的解决方案，只需使用双分支结构即可实

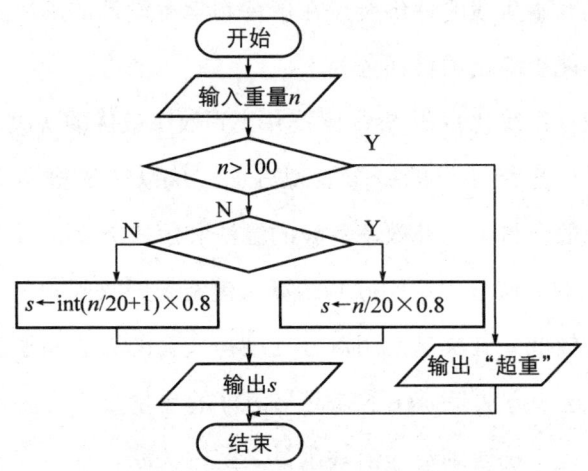

图 5-6 用双分支结构的嵌套描述"邮资计算"算法的流程图

现项目任务。用双分支结构描述"邮资计算"算法的流程图（图5-7），对于任一数据范围内的信件重量 n，都能正确计算出相应的邮资。能设计出这一解决方案的学生，在"分析、比较并找到效率最优的解决方案"这一评价维度达到了较高水平。

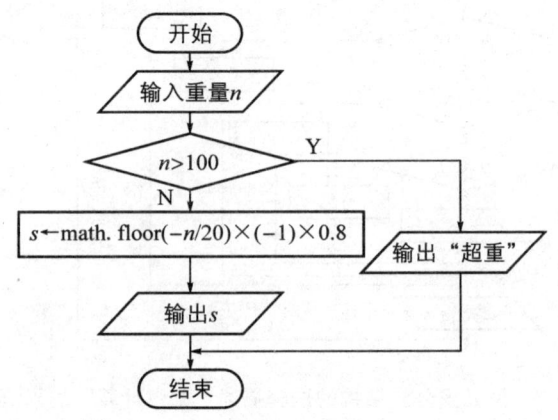

图 5-7 用双分支结构描述"邮资计算"算法的流程图

阶段五（迁移运用）：将问题解决的经验拓展和迁移到更广泛的问题情境中。在本项目结束后，将具有类似项目情境的快递费计算问题作为拓展练习，根据学生的完成情况，评判学生是否在迁移运用方面的表现水平。

③ 评价方案设计

本项目的计算思维表现性评价方案如表 5-11 所示。

表 5-11　"邮资计算"项目学生计算思维表现性评价方案

评价维度	表现水平	对应的具体表现
形式化（按照计算机处理问题的方式与过程分解项目任务，分析项目任务中需要用到的数据类型、数据范围及各数据之间的关联）	预备级	能明确需要输出邮资。 对用到的数据类型、数据范围分析有偏差
	水平 1	能明确需要输入信件重量，输出邮资。 能正确分析用到的数据类型、数据范围，未能建立数据间的关联
	水平 2	能概述输入信件重量；根据信件重量计算相应邮资；输出邮资的基本过程。 能正确分析用到的数据类型、数据范围，对数据间的关联有一定认识但不完全准确
	水平 3	能准确叙述输入信件重量；根据信件重量计算相应邮资；输出邮资的基本过程。知道计算邮资环节需要设计算法，以建立重量与邮资的关系。 能正确分析所用数据的类型、数据范围，能用关系式准确表达数据之间的关联
模型化（根据数据之间的关联，设计问题解决所需的算法结构模型）	预备级	描述算法的框图结构有偏差，多处需调整
	水平 1	描述算法的框图结构略有偏差，调整 1 至 2 处后可修正，框图绘制基本符合规范
	水平 2	能用合理的框图描述算法结构，框图绘制基本符合规范
	水平 3	能用合理的框图描述算法结构，框图绘制完全符合规范

(续表)

评价维度	表现水平	对应的具体表现
自动化（设计完整的问题解决方案）	预备级	程序编写得不完整，形成的解决方案无法运用或无法解决项目任务
	水平1	形成的解决方案仅能求出部分数据对应的解，无法针对所有的输入数据求出正确结果
	水平2	绘制了能基本实现本项目的流程图，能用规定的程序语言实现算法，基本实现项目任务
	水平3	绘制了能实现本项目的规范、完整的流程图且能用规定的程序语言准确实现算法，能实现项目任务
系统化（分析、比较并找到效率最优的解决方案）	预备级	设计的解决方案中需要进行五次及以上条件判断，未意识到存在效率更高的算法
	水平1	设计的解决方案中需要进行五次条件判断，能发现算法效率不高且有效率更有的算法
	水平2	设计的解决方案中需要进行两次条件判断
	水平3	设计的解决方案中仅需进行一次条件判断
迁移运用（将问题解决的经验拓展和迁移到更广泛的问题情境中）	预备级	未使用效率最优的算法解决问题，形成的解决方案无法实现项目任务
	水平1	能实现项目任务，但未使用效率最优的算法解决同类问题
	水平2	试图使用效率最优的算法设计解决同类问题的解决方案，能基本实现项目任务
	水平3	能用效率最优的算法准确解决同类问题

5.3 基于"五要素论"的高中生计算思维表现性评价数字工具开发

上海市格致中学季金杰老师设计并开发的计算思维评价工具，适合学科教师在完成一个基于问题解决的项目化单元教学后，查看教学班学生在项目活动中的计算思维表现性评价结果，也可在完成若干个基于问题解决的项目化单元教学后，查看、追踪学生计算思维发展的变化情况。

该工具由前端操作界面和后端功能模块组成。图 5-8 可实现的基本功能有四项，分别是评价数据入库、评价数据查询和评价结果可视化呈现、计算思维表现较薄弱学生预警、追踪学生计算思维发展情况。

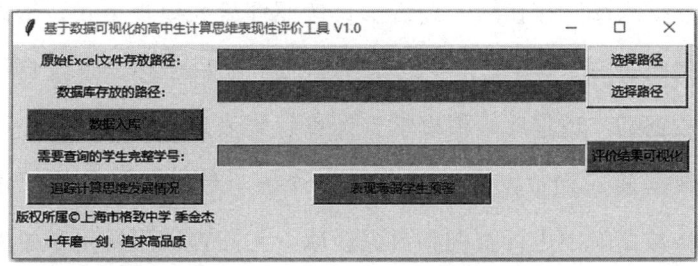

图 5-8　基于数据可视化的高中生计算思维表现性评价工具 V1.0 操作界面

为了实现评价数据入库功能，首先需明确数据库中所需的字段名称及数据类型分别为学生学号（stu_id TEXT PRIMARY KEY)[①]、项目编号或名称（project_id TEXT）、自评的形式化表现水平（zf FLOAT）、自评的模型化表现水平（zm FLOAT）、自评的自动化表现水平（za FLOAT）、自评的系统化表现水平（zs FLOAT）、自评的迁移运用表现水平（zma FLOAT）、师评的形式化表现水平（sf FLOAT）、师评的模型化表现水平（sm FLOAT）、师评的自动化表现

---

① 本节关于计算思维评价工具的开发与应用以上海市格致中学为实践研究基地，数据库中学生学号字段的数据类型设定为 TEXT，依据该校的学生学号编排形式而定，未必适用于其他同类学校，特此说明。

水平（sa FLOAT）、师评的系统化表现水平（ss FLOAT）、师评的迁移运用表现水平（sma FLOAT）。

在运用评价数据入库功能时，预先要依据评价方案设计学生计算思维评价表模板（xls 格式），允许学生在评价表中依据表现描述，对五个评价维度进行自评。当一个教学班学生上传电子评价表后，教师将这些电子文档存放在一个文件夹中，结合学生提交的活动记录表，在电子评价表中对学生进行师评。当学生自评与师评都完成后，教师在评价工具中选择该文件夹的存放路径，再选择数据库存放的位置。点击"数据入库"按钮后，评价工具按照评价表模板格式，依次将指定文件夹内每一个 xls 文件中的学生学号、项目名称、学生自评数据和师评数据插入数据库，汇聚学生计算思维表现性评价记录。当学生的评价数据插入到数据库后，后续在评价工具中进行其他评价操作时，仅从数据库中进行查询和数据获取，无需再使用每个学生的原始评价表。

评价数据查询和评价结果可视化呈现功能是运用 SQL 语句和基于 Matplotlib 的数据可视化技术来实现的。在完成数据入库后，输入学生学号，以学号为依据对数据库进行查询，获取学生在所参加的一个或多个项目活动中的计算思维表现水平评价数据。

在设计、开发数据查询和评价结果可视化功能时，我们认为不需要将项目活动的编号或名称也作为查询条件。这主要是基于以下两点考虑。首先，从数据可视化技术的技术角度，可以在一个可视化图表中同时呈现一个学生在多个项目活动中的表现数据，因此没有必要严格限制只能单独呈现一个学生在某一次项目活动中的表现数据。其次，当查询一个学生的计算思维表现时，同时呈现其在多次项目活动中的计算思维表现，有助于教师对该学生的表现情况有更全面的认识。

我们以雷达图作为呈现学生在项目活动中计算思维评价数据的呈现方式。在高中信息技术"必修1数据与计算"的教学中，共组织开展四个基于问题解决的单元项目活动。以某个完成了前三个单元项目活动的学生为例，以学号为依据，查询其计算思维表现性评价数据，得到的可视化结果如图5-9所示。

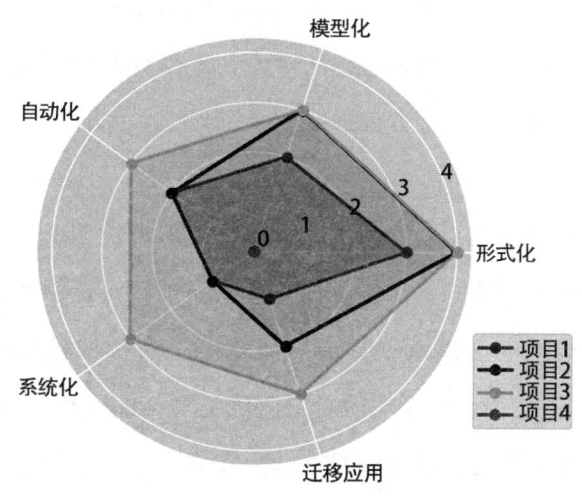

图5-9 根据学号查询学生计算思维表现性评价结果

在可视化评价结果中，共有用红色、蓝色、紫色表示的三个雷达图，分别表示被查询的同学在项目1、项目2、项目3这三个单元项目活动中的计算思维表现性评价结果。每一个雷达图均有五个顶点，表示形式化、模型化、自动化、系统化、迁移运用这五个评价维度，雷达图的面积大小由五个维度上的表现水平决定。可以看出，该学生在单元项目活动1中的计算思维表现性评价结果比较一般，在形式化方面的表现达到第 3 水平（对应课程标准中的水平 2），在模型化、自动化方面的表现达到第 2 水平（对应课程标准中的水平 1），在系统化、迁移运用方面的表现仅与第 1 水平的描述相符（对应"新课标"中的预备级）。在单元项目活动 2 中，该同学在形式化、模型化、迁移运用三个维度的表现均比单元项目活动 1 中提高了一个水平，但在系统化维度的表现仍为第 2 水平（对应与课程标准中的水平 1）。

应当全面关注学生计算思维各个维度的发展，倘若学生仅仅在形式化、模型化等计算思维评价维度表现出较高水平，在自动化、系统化等评价维度中表现一般，这样的学生在根据算法模型形成自动化解决方案、优化解决方案等方面或存在学习困惑，其计算思维仍待进一步发展和提升。

因此，我们设计了追踪学生计算思维发展情况功能和计算思维表现较薄弱学生预警功能。如学生在连续两次项目活动中存在某一个或某几个评价维度的表现水平均为第 1 水平（对应课程标准中的预备级），则单击该按钮，触发功能后，评价工具会输出相关学生的学号。追踪学生计算思维发展情况则是在学生完成高中信息技术"必修 1 数据与计算"四个单元项目活动后，运用可视化图表，呈现学生在历次单元项目活动中计算思维表现性评价数据的变化过程。

图 5-10 呈现了根据学号所查询到的学生在高中信息技术"必修 1 数据与计算" 4 次项目活动中计算思维五个维度的发展情况。可以得出，在高中信息技术学科开展为期一学期的单元项目学习后，该学生在计算思维各评价维度的表现稳中有升，各个表现维度之间的水平差异逐渐缩小，且在最后一次单元项目活动中，计算思维五个评价维度的发展水平均达到第 3 水平（相当于课程标准中的水平 2）及以上。

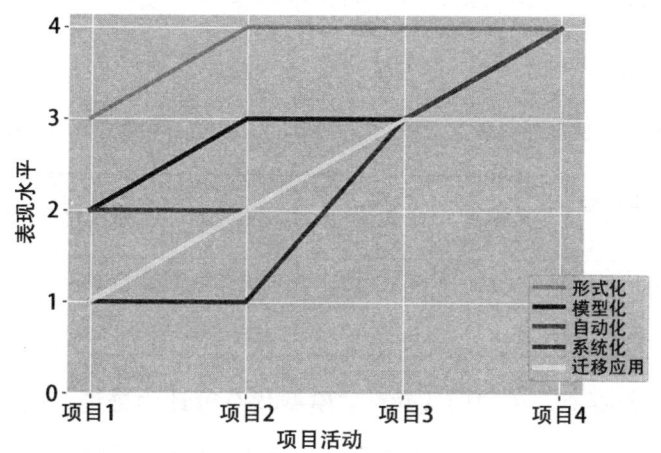

图 5-10　根据学号查询学生在历次单元项目活动中计算思维的发展情况

追踪学生在的计算思维发展情况，能够客观反映学生计算思维各评价维度的发展水平与成长轨迹。

5.4　计算思维表现性评价数据的教学应用

1. 关注学生计算思维的全面发展，强调创造性地解决问题

周文叶认为，教师做出一系列教学决策的依据也许有很多，最根本的决策依据一定是关于学生学习表现的信息。这就基于评价结果的教学决策。[1]

基于评价结果的教学决策是以从评价结果所做的推论为依据的教学决策。[2] 在高中信息技术"必修 1 数据与计算"的教学实践中，笔

---

[1] 周文叶:《中小学表现性评价的理论与技术》，华东师范大学出版社 2014 年版，第 164 页。
[2] 王少非:《课堂评价》，华东师范大学出版社 2013 年版，第 231 页。

者发现，在"单元项目活动2"的评价结果中，平行班学生和理科班学生的评价结果平均值在各个评价维度上均有差异（表5-12）。

表5-12 平行班与理科班在"单元项目活动2"中各评价维度的平均水平比较

班级＼评价维度	形式化	模型化	自动化	系统化	迁移应用
平行班	3.37	2.97	2.13	1.37	1.67
理科班	3.75	3.13	2.76	2.5	2.33

如上表所示，在"形式化""模型化"等评价维度，两个班级的平均评价数据之差在10%范围内，差异较小。但在"自动化""系统化""迁移应用"等评价维度，两者之间的平均评价数据差异相对较大。特别是在"系统化"评价维度方面，理科班的平均表现水平是平行班平均表现水平的1.82倍，表明平行班学生在根据算法形成自动化解决方案，识别、分析找到效率最优的解决方案等方面总体表现相对薄弱。

基于这一评价结果，笔者在教学实践中采取的教学决策是在"单元项目活动2"结束后，对平行班和理科班设计有差异的教学方案。为平行班专门设计一节专题复习课，重点梳理算法实现的基本思路和注意要点，演示如何分析、比较解决方案之间的效率和复杂度，从效率角度，强调问题解决过程中如何体现创造性。对于理科班，考虑到有相当一部分学生在计算思维各维度均有较全面的表现，因此，先采用学生小组展示的方式，请部分学生以小组为单位，介绍对"单元项目活动2"的解决方案，再由教师组织学生比较不同解决方案的效率差异，并对问题解决过程中的注意要点进行归纳总结。

尽管从计算思维评价维度划分的角度看，颇有将问题解决程式化的意味，但计算思维培养的目标不是让学生形成问题解决的思维定势，而是强调问题解决中的创造性和解决方案的创新性，"系统化""迁移应用"等评价维度，就是侧重于评价学生在问题解决过程中是否具有创新和创意。因此，在高中信息技术教学实践中，务必要全面关注学生计算思维各评价维度的发展情况，落实和强调创造性地解决问题。

2. 适当地向部分学生提供评价结果，激发学生的学习动力

学生是表现性评价信息的重要用户，学生要成为"证据驱动"的学习者，做出关于自己学习的决策，需要来自评价的"证据"。①

高中信息技术学科囿于其学业考试性质及其与学生毕业升学的利害关系，其在学生群体中的受重视程度尚难以与纳入高考的学科同日而语，存在少部分高一年级学生尚未全面认识信息技术学科之于未来学习生活与工作发展的重要意义，对于信息技术学科的学习抱着得过且过的态度。

通过表现性评价工具中的预警功能，能够发现一些计算思维表现薄弱、对本学科重视程度有待提高的学生。笔者采取的教学决策是公开他们自己的评价结果。当这些学生看到自己的计算思维表现性评价雷达图面积比表现较好的同学的评价结果雷达图面积小很多时，会在一定程度上激发一部分学生的学习动力。

在这些学生群体中，一旦有个别学生提高了对本学科学习的重视程度，在此后的单元学习活动中评价表现有所进步，则可以通过比较前后两次表现性评价结果的雷达图，作为学生端正学习态度，取得计算思维学科核心素养发展进步的证据。这样一来，学生本人会因为看

---

① 周文叶：《中小学表现性评价的理论与技术》，华东师范大学出版社2014年版，第165页。

到雷达图的变化和进步而产生积极的正反馈，从而激励其不断深化学习的内在动力，在今后的项目活动中取得更优异的表现。而对于尚未意识到信息技术学科学习重要性的少部分学生来说，这是一个正面而有力的导向和激励。看到原本和自己在相同位置上的同伴在计算思维方面已发生了积极的改变，余下的少数必将渐渐受到班上大多数人的感染，加入信息技术学科爱好者的行列之中。

第 6 章 总 结[①]

在三年的研究历程后,课题组完成了这篇课题报告。其间虽然受到疫情的影响、在教学实验的安排和实施中经历了不少艰辛与坎坷,但也取得了一定的研究成果。

6.1 研究成效

(1) 助力学科建设发展

本书研究对于提升信息技术学科建设与发展,提升信息学科教师团队的整体素质,促进对学生信息学科核心素养的培养有很大的作用。

工作室的老师们通过短短两年的时间,先后开展两轮艰苦的教学实验,积累起了几十个教学设计案例。这些案例涵盖了小学、初中和高中三个不同的教学年段。每个教学案例不仅有教学实录视频,还有教学设计、教学资料、教学反思、其他观课老师的评课建议等内容。相应的文本也都做了规范的积累。

利用本书的研究成果,课题组中的周智敏、冯金珏、季金杰还各

---

① 本章由上海市向明中学冯金珏执笔。

自承担了空中课堂中一个单元的教学任务。周智敏老师承担高中信息科技原教材"因特网基础"教学单元的四个课时教学,冯金珏老师承担高中信息技术新教材"必修1 数据处理与安全"这一教学单元的四个课时教学,季金杰老师承担新教材"必修2 信息系统中的网络"这一教学单元的四个课时教学。

在本书研究阶段,课题组成员开设市级公开课16节,区级公开课7节,校级公开课44节,对将课题的研究结果向全市、全区推广起到一定的辐射作用。

(2) 引领教师专业成长

本课题的研究更好地促进了信息教师的专业发展,特别是在提高青年教师常态教学能力方面效果显著。

在本书研究期间,课题组成员获得多个教学奖项,例如,一名老师的课例荣获一师一优课部级优课、市级优课;一名老师荣获上海市中小学中青年教师教学评选二等奖;两名老师获得了四年一度的区级中青年教师教学大奖赛一等奖;一名老师获得区级中青年教师教学大奖赛三等奖的好成绩。在课题研究期间,课题组教师教科研成果非常丰富,共发表论文28篇,有一篇论文入选国家级优秀论文。丁勇、冯金珏、陈怡在课题研究期间成功晋升为高级教师职称,在教师专业成长方面成效显著。

(3) 培养学生计算思维

本课题的成果对培养学生的计算机思维能起到切实的提升作用。通过访谈,学生反映他们大多更喜欢参与基于问题解决的单元项目学习,因为"有一种更真实学习的感觉,而不是总在学习'理论中'设想的情况"。

更多的学生学习基于问题解决的单元项目后,参加课题研究时,他们能更恰当地适时选择信息技术和数字化工具解决课题中的问题。在课题研究的过程中,课题组老师辅导的学生获得科创竞赛、学科类竞赛奖项达到百项,获奖人次超过二百人。

6.2 研究创新

(1) 研究覆盖全学段

课题形成的教学案例涉及小学、初中、高中三个年段,以部分单元的教学设计为研究案例,分析单元设计的基本思路,阐述单元设计的基本原则,解析单元设计的基本环节,形成基于问题解决的信息技术单元教学设计指南。

同时,在三个学段中分别运用行动研究法,从教学案例出发,梳理对教学过程中问题的有效解决办法,遵循六个操作步骤,不断探索更优的教学策略。

从学习的评价角度,探讨如何确立小学、初中、高中三个年段学生计算思维评价的维度或框架,结合具体课例设计学生计算思维评价方案和评价工具,根据评价结果促进学生计算思维的发展。

总之,无论是对基于问题解决的中小学信息技术单元教学设计框架和设计指南,或是基于计算思维培养的中小信息技术单元教学实施的有效策略的使用,还是对基于问题解决的中小学生计算思维评价工具的设计、开发,都从小学、初中、高中三个年段分别讨论,具有很好的示范价值。

(2) 基于问题解决的计算思维培养

课题研究的方向更为聚焦。人在问题解决过程中的创造性是计算机很难替代的,也是当前对于计算思维内涵的主流阐释中未涉及的。因此,本课题将研究对象确定为"基于问题解决的计算思维培养",遵循基于项目学习的方法,以真实问题为导向,强调项目的设计要源于现实生活,尽量贴合学生的生活环境。

(3) 评价方式与工具的创新

计算思维具体表现的四个方面较抽象,具体内涵缺乏明确的界定。我们试图借鉴"计算思维"的操作性定义,将学生在信息技术学科项目化学习过程中的具体行为表现与课程标准中的计算思维表现形成关联和映射。

本书的一个创新点就是设计并开发计算思维评价工具,适合学科教师在完成一个基于问题解决的项目化单元教学后,查看、追踪学生计算思维发展的变化情况,以雷达图呈现。该工具还有追踪学生计算思维发展情况功能和计算思维表现较薄弱学生预警功能,会在一定程度上激发一部分学生的学习动力。

6.3 不足与展望

(1) 不足

未能全面给出所有学段的单元设计案例。本书的研究,从小学、初中、高中三个年段分别讨论。由于时间紧张,在案例提供方面,现阶段只提供了不同年段的个别案例,各个年段还未能全面给出所有学段的单元设计案例，希望在接下去的研究中不断完善。

评价方式与工具的使用数据略不足。由于本书开发的评价工具仅在少数班级学生中尝试使用，积累的评价数据有限。同时，该评价工具需要在同一组实验学生中经过多个项目的教学评价才能更好地查看、追踪学生计算思维发展的变化情况。由于积累评价数据需要较长时间的实验，因此在后续的研究中需要坚持实验数据的收集工作。

（2）展望

虽然项目取得了一定的成效，收获了一些值得肯定的成果，但是不得不承认本项目的研究还有不少并不完美的地方，由于近几年《普通高中信息技术课程标准》还在不断更新，《义务教育信息科技课程标准》才刚出台，导致在研究的过程中，教学内容还在不停的演变中，因此，课题的后续研究是非常有必要的。

一是基于问题解决中对问题设计效果的评价。

与自身相关的内容，使学生的学习动机更容易被激发。因此，在教师的单元教学设计中，要努力寻找真实情境中的实际问题或创设一些与学生自身密切相关的问题让学生解决。但是我们对于"基于问题解决"中问题设计的效用需要设计评价的方法去衡量。这样，对研究成果能有更精确的评价，延续其推广价值。

二是课程标准、新教材的内容挖掘。

随着《普通高中信息技术课程标准（2017年版，2020年修订）》及《义务教育信息科技课程标准（2022年版）》的发布，小学、初中、高中三个学段的信息技术的新教材也将随之陆续出台。

本书的研究始于三年前，研究的基础是《普通高中信息技术课程标准（2017年版）》。在上海出台《义务教育信息科技课程标准

（2022年版）》的情境下，我们非常有必要与时俱进，进行对课程标准和高中新教材的解读，从而挖掘新的内容进行实践研究。特别是我们看到随着课程标准的诞生，新教材的出版，信息学科的教学内容发生了很大的变化，也就意味着我们必须在对课标、教材等进行充分的研读后，有的放矢地进行教学设计、教学实践和反思等进一步的探索过程，从而设计适合新教材的单元项目，形成新的研究成果。

主要参考文献

[1] 中华人民共和国教育部. 普通高中信息技术课程标准(2017年版2020年修订)[M]. 北京：人民教育出版社,2020：1-6.

[2] 中华人民共和国教育部. 义务教育信息科技课程标准(2022年版)[M]. 北京：北京师范大学出版社,2022：1-11.

[3] 教育部基础教育课程教材专家工作委员会. 普通高中信息技术课程标准(2017年版2020年修订)解读[M]. 北京：高等教育出版社,2020：1-32.

[4] 李维明. 普通高中信息技术必修模块教学专题指导[M]. 上海：上海教育出版社,2018：1-6.

[5] 熊璋,蒲菊华. 信息技术课程·核心概念汇编[M]. 北京：人民教育出版社,2021：1-8.

[6] 任友群.《普通高中课程标准(2017版)》教师指导 信息技术[M]. 上海：上海教育出版社,2019：1-21.

[7] 董荣胜. 计算思维的结构[M]. 北京：人民邮电出版社,2017：1-4.

[8] 王永全,单美静. 计算思维与计算文化[M]. 北京：人民邮电出版社,2016：1-8.

[9] 李暾. 计算思维导论——一种跨学科的方法[M]. 北京：清华大学出版社,2016：1-9.

[10] 王荣良. 中小学计算思维教育实践[M]. 上海：上海科技教育出版社,2019：1-32.

[11] 王荣良. 计算思维教育[M]. 上海：上海科技教育出版社,2014：1-23.

[12] 朱小虎. 基于PISA的学生问题解决能力研究[M]. 上海：上海教育出版社,2019：15-36.

[13] 中华人民共和国教育部. 普通高中信息技术课程标准[M]. 北京：人民教育出版社,2020.

[14] 中华人民共和国教育部. 义务教育信息科技课程标准[M]. 北京：北京师范大学出版社,2022：9,4-5.

[15] 方其桂. Scratch游戏编程趣味课堂[M]. 北京：清华大学出版社,2019：33-40.

[16] 任友群,黄荣怀. 普通高中信息技术课程标准(2017年版,2020年修订)解读[M]. 北京：高等教育出版社,2020：44.

[17] 李锋,程亮,王吉庆. 面向学科核心素养的信息技术单元设计与实现[J]. 课程. 教材. 教法,2021(10)：114-119.

[18] 喻平. 论教学策略[J]. 现代教育论丛,2000(05)：29-31.

[19] 中华人民共和国教育部. 义务教育信息科技课程标准(2022年版)[M]. 北京：北京师范大学出版社,2022.

[20] 中华人民共和国教育部. 普通高中信息技术课程标准(2017年版2020年修订)[M]. 北京：人民教育出版社,2020.

[21] 熊璋,李锋. 信息时代 信息素养[M]. 北京：人民教育出版社,2019.

[22] 张福全. 简明西方心理学史[M]. 北京：北京师范大学出版

社,2012.

[23] 林崇德. 发展心理学.[M]. 3 版. 北京：人民教育出版社,2018：360-377.

[24] 刘革,吴庆麟. 情境认知理论的三大流派及争论[J]. 上海教育科研,2012(1)：37-41.

[25] 洪勋. 基于问题驱动的学生计算思维能力培养探究[J]. 中国信息技术教育,2020,344(20)：43-44.

[26] 林伟,樊磊. 在高中信息技术课中培养学生计算思维的有效方法探讨[J]. 新课程研究,2017(10)：10-13.

[27] 王荣良. 中小学计算教育教育实践[M]. 上海：上海科技教育出版社,2019：23-39.

[28] 刘承林. 计算思维培养视角下高中 Python 课程教学模式研究[D]. 济南：山东师范大学,2019.

[29] 于颖. 计算思维主导的高中信息技术教材结构设计研究[D]. 长春：东北师范大学,2017.

[30] 李晓东,赵群. 教育心理学[M]. 北京：北京大学出版社,2008.

[31] 王亚萍. 计算思维培养视域下 Python 程序设计课程的教学改革实践[J]. 电脑知识与技术,2018(1)：99-100,102.

[32] 夏雪梅. 项目化学习设计：学习素养视角下的国际与本土实践[M]. 北京：教育科学出版社. 2018.

[33] 周文叶. 中小学表现性评价的理论与技术[M]. 上海：华东师范大学出版社,2014：53-55.

[34] 陈兴冶. 基于认知发展的高中计算思维教学[M]. 上海：上海教育出版社,2021：12-35.

[35] 吴刚平,安桂清,周文叶.新方案 新课标 新征程《义务教育课程方案和课程标准2022》研读[M].上海:华东师范大学出版社,2022:1-32.

[36] 周文叶.指向立德树人的教师表现性评价[M].上海:华东师范大学出版社,2021:34-38.

[37] 田中耕治,松下佳代,西冈加名惠,等.学习评价的挑战 表现性评价在学校中的应用[M].郑谷心,译.上海:华东师范大学出版社,2015:22-36.